ŒUVRES
de
M. de Saint-Marc
de l'Académie
de Bordeaux.
1775.

ŒUVRES

DE MONSIEUR

DE SAINT MARC.

A GENÊVE,

Et se trouve à PARIS,

Chez MONORY, Libraire de S. A. S. Monseigneur
le Prince de Condé, rue de la Comédie Françoise.

M. DCC. LXXV.

A MADAME

LA COMTESSE ***.

Quoique ennemi des Dédicaces,
Je veux en faire une à mon tour.
Aglaé, ce qui peint l'Amour
Doit être jugé par les Grâces.

JEAN PAUL ANDRE DE SAINT MARC

LA CHEVALERIE.

ÉPITRE I.

A M. LE CHEVALIER DE B**.

Toi, qui prends pour devise, en dépit des railleurs,
L'amour & l'amitié, la vaillance & les mœurs,
Accorde à mon ouvrage un regard tutélaire :
Te parler de l'honneur, c'est un droit pour te plaire.
Que sont-ils devenus ces jours, ces heureux jours,
Où jamais sans la Gloire on ne vit les Amours ?

A

Où, toujours plus épris, en la voyant plus belle,
Ils devançoient le char de la fière Immortelle,
Et, parés des bienfaits qu'ils en avoient reçus,
Retournoient triomphans à la Cour de Vénus?
La jeune Amante, alors, loin d'une folle ivresse,
Pouvoit s'enorgueillir du beau nom de Maîtresse:
Son exemple guidoit au chemin des vertus.
Les soins pour la charmer devenoient superflus,
Malgré tous les attraits des roses du bel âge,
Si l'Amant ne joignoit au plus fidéle hommage,
A la noble franchise, à l'intrépidité,
L'amour de la patrie & de l'humanité.
L'Amant se transformoit en Héros indomptable:
Désarmé, le Héros ne savoit qu'être aimable.
Quand l'honneur l'appeloit, l'amour armoit son bras,
Et du sein des plaisirs l'envoyoit aux combats.
Au moment de frapper, sa fougueuse vaillance
De l'objet adoré regrettoit la présence.
Hélas, s'écrioit-il, que ne puis-je, à ses yeux,
Mériter aujourd'hui de lui plaire encore mieux!
La victoire bientôt récompensoit son zéle,

Ou, tombant avec gloire, il expiroit fidèle.
Ce n'étoit point assez pour ces braves Guerriers
D'offrir à leur pays quelques sanglans lauriers.
A l'appareil des camps, aux palmes de Bellone,
Du Citoyen utile unissant la Couronne,
Ces Guerriers généreux, à l'ombre de la paix,
Consacroient leur loisir, en versant des bienfaits.

FALLOIT-IL d'une Belle embrasser la défense?
Falloit-il en champ clos prouver son innocence?
En briguant son aveu, mille & mille vengeurs
Brûloient d'aller combattre ornés de ses couleurs.

QUE j'aime ces Tournois, image de la guerre,
Où des Héros venoient des deux bouts de la terre
Publier à l'envi, se dire avec fierté
Que l'on n'égaloit point leur maîtresse en beauté !
Vainement un combat décidoit la querelle;
L'Amante qui nous plaît est toujours la plus belle.
Les Chevaliers vaincus, plus ardens chaque jour,
Alloient combattre ailleurs pour venger leur amour.

A ij

DUGUESCLIN ..... qu'à propos ici je le rappelle !
Ah ! comment m'appuyer d'un plus heureux modèle ?
Impatient, cruel, fougueux dans ses desirs,
Insensible à la gloire, insensible aux plaisirs,
Impérieux, sans frein, plongé dans l'ignorance,
Malheureux, il traînoit sa farouche existence :
Une beauté paroît ; elle vient l'éclairer,
Et le fait à la fois rougir & soupirer.
La honte & le remords ont passé dans son ame.
L'oisiveté lui pèse, & la gloire l'enflamme.
Les Héros de son sang renaissent à ses yeux,
Et l'honneur lui repète : agis, & meurs comme eux.
On publie un Tournois, on ouvre la barrière ;
Il s'élance, &, vainqueur, il parcourt la carrière.
Il s'écrie, & chacun lui répond, tour à tour,
Honneur à la beauté ! gloire soit à l'amour !
On ne voit sur ses pas qu'armures dispersées,
Que Rivaux abbattus, que lances fracassées.
Tel on peint Jupiter entouré des Titans,
Par ses mains foudroyés, à ses pieds palpitans.
Duguesclin a le prix, les Dames l'environnent ;

Mille nœuds de rubans, mille fleurs le couronnent;
Sa visière se lève. O spectacle enchanteur !
Son Père doute, pleure, & renaît au bonheur.

BIENTÔT, premier sujet du plus sage des Princes,
Duguesclin à l'Anglois arrache nos Provinces ;
Et, purgeant ces climats d'homicides brigands (1),
Fait servir leur courage à punir les tyrans.

QUE les temps sont changés ! noble Chevalerie,
Ne reviendras-tu point consoler ma patrie?
Hélas ! qu'est devenu ton instinct précieux?
Où retrouver tes mœurs, trésor de nos ayeux?
L'amour du nom François, n'est plus qu'une chimère;
On insulte aux devoirs de fils, d'époux, de père ;
L'intérêt parmi nous est la suprême loi;
En aimant l'Univers, on ne chérit que soi.
L'un sur le poids de l'or mesure ses services;
L'autre fait en secret payer ses injustices.

____

(1) Les grandes Compagnies.

La vertu se contraint, ou se cache aujourd'hui ;
Elle nuit aux succès loin d'en être l'appui.
On a vu des Amans, dans leurs transports impies,
Lancer sur la Beauté les serpens des furies,
Et les plus généreux, loin de la protéger,
Craindre le ridicule en voulant la venger.
Puis-je oublier ici cette foule perfide
Que l'amour méconnoît, que l'amour-propre guide,
Ces adroits séducteurs, qui, parmi les époux,
Se plaisent à semer le trouble & les dégoûts ?
Dans leurs succès cruels ils trouveroient des charmes !
Jouit-on d'un succès qui doit coûter des larmes ?
Ah combien les plaisirs étoient doux pour le cœur,
Quand ils étoient conduits, & gardés par l'honneur !

FRANÇOIS, vous êtes nés pour l'amour & la gloire.
Voulez-vous au bonheur enchaîner la victoire ?
Cédez un doux empire à ce sexe charmant ;
Liez-vous à ses pieds par un heureux serment.
Envain vous l'accusez d'erreurs, & de caprices ;
Ses défauts, quels qu'ils soient, ne sont dus qu'à nos vices,

Par un manége adroit, ou des soins empressés,
Vous voulez qu'il vous plaise, & vous l'en punissés!
Il se respectera si l'honneur vous anime.
Il aura cent vertus, s'il obtient votre estime.
Soyez justes, & vrais; ne couvrez plus de fleurs
Le chemin qui le trompe, & le mène aux erreurs.
Bientôt vous le verrez sur de nouvelles traces,
Conquérir par les mœurs, & règner par les grâces,
Au talent de trahir préférer la candeur,
Applaudir l'héroïsme, estimer la valeur,
Et ramener ces jours, que l'on traite de fables,
Où les plus vertueux éroient les plus aimables.
Plus sensibles alors, plus noblement charmés,
Vous serez moins séduits; mais vous serez aimés.

CIEL! un riant espoir tout-à-coup vient me luire.
Volez au pied du trône où l'amour vous attire.
Si les regards d'un Roi peuvent tant sur nos cœurs,
Eh! que ne fera point l'exemple de ses mœurs?
Contemplez votre Maître, & l'auguste Princesse
Qu'enchainent avec lui l'amour & la jeunesse,

Les grâces, la franchise, & la douce gaité
Dont le charme indulgent sied à la Majesté.
Voyez-la, de sa main renversant la barrière
Qu'opposoit à sa Cour une Etiquete altière,
Elever des Mortels, par un choix glorieux,
Au bonheur d'être assis à la table des Dieux.
Allez, suivez ses pas, & qu'elle vous enseigne
A chérir les vertus qui vont parer son règne.
Un seul de ses regards, un seul vous l'apprendra,
Et c'est en souriant qu'elle vous instruira.

Mais quels sont ces accens? Que j'aime à les entendre!
Mes yeux versent des pleurs; mon cœur devient plus tendre.
De ce trône accessible où vous portez vos vœux,
Une voix part, & dit : François, soyez heureux !
Et moi j'ose ajouter, soyez dignes de l'être.
Imitez vos Ayeux, imitez votre Maître ;
Rappelez dans vos cœurs l'antique loyauté ;
Honorez la vertu pour plaire à la beauté.

EPITRE II.

A M. GRESSET,

De l'Académie Françoise.

Reveille-toi, Gresset, quels charmes séducteurs
Interrompant, hélas, l'essor de ton génie,
    T'endorment sur ce lit de fleurs,
Formé pour toi des mains de Vénus Uranie?
Peux-tu laisser oisif ce pinceau si brillant,
    Dont la touche fraîche & légère
    Ouvrit les dortoirs d'un couvent,
Et plaça pour jamais un perroquet charmant
Aux fastes du Parnasse, aux fastes de Cithère?
Tomberoit-il déjà de tes heureuses mains,
    Ce pinceau digne des Albanes?
Ah, retire Vert-vert du noir séjour des Manes (1),

---

(1) M. Gresset avoit effectivement projeté d'ajouter quelques Chants à son charmant Poëme.

Et rapelle son ombre à de nouveaux destins.

Est-ce assez pour tes vœux qu'on te lise sans cesse,

Qu'on cite avec transport ces traits ingénieux,

 Consacrés par ton art, dictés par la sagesse,

Et que la vérité présente à tous les yeux ?

Qu'on chérisse l'écrit aussi riant que sage,

Où, plus séduit toujours par un appas nouveau,

L'esprit est entraîné de rivage en rivage,

     Et suit ce fragile rameau

Que mène dans l'abysme une pente volage,

De notre vie, hélas, trop fidèle tableau ?

Est-ce assez pour tes vœux qu'on vante l'éloquence

Qui, tonnant sur la Scène, embrasse la défense

     De la raison & de l'honneur,

     Qui rend leur chaîne désirable,

Même dans le moment où l'esprit enchanteur

Fait sourire à Cléon, peut-être trop aimable ?

Tout se peint à nos yeux par tes accens flatteurs :

Tout se peint, s'embellit sous tes mains séduisantes,

Et tu nous fais aimer jusqu'aux sombres couleurs

     Que, pour mieux attendrir nos cœurs,

Tu prends soin d'opposer à tes touches brillantes.
Sydnei court à la mort : je sens tout son malheur,
    Et je ne tiens plus à la vie.
    Mais , aux genoux de Rosalie ,
Bientôt, avec Sydnei je vis pour le bonheur.
GRESSET, entends ma voix, exauce ma prière ;
Viens nous toucher encor, nous instruire, nous plaire ,
Hâte-toi, viens jouir d'un hommage immortel
Dans ce séjour des Arts , auguste Sanctuaire ,
    Où le Goût te garde un Autel
    Entre Anacréon & Molière.
Je le sais , tu n'as plus à former de desirs :
Déjà ton nom se grave au Temple de Mémoire ;
Mais, lorsque le Génie a tout fait pour ta gloire,
    Daigne ajouter à nos plaisirs.

EPITRE III.

A MADEMOISELLE **.

A TOI, ZULMIS, jeune Déesse,
Objet de mille & mille vœux,
Qu'environne un peuple d'heureux,
Et qui nous rappelles sans cesse,
Non cette Déesse au carquois,
Qui, follement sage & sévère,
Préfere aux roses de Cithère
Les tristes épines des bois;
Mais la Divinité friponne,
Mère des jeux & des desirs,
Que l'amour chérit & couronne,
Que suivent toujours les plaisirs.
Pardonne si dans ma démence,
J'osai me plaindre de ton cœur.
Si j'ai maudit ton inconstance,

Que j'ai rougi de ma fureur !
Ah ! devenu plus raisonnable,
J'abjure à jamais mon erreur.
Il faut changer pour être aimable ;
Quiconque est aimable est trompeur.
J'adopte en effet ce systême,
Zulmis, & j'espère qu'un jour,
Tous deux revenus à l'amour,
Nous l'oublirons encor de même,
Constans, inconstans tour à tour.
Oui, sans jamais nous en défendre,
Nous saurons tous les deux goûter
Et le plaisir de nous quitter,
Et le bonheur de nous reprendre.

Mais, plus j'y pense, & plus je ris
Des rêves dont mon cœur épris,
Se nourrissoit dans sa folie.
Ai-je dû jamais présumer
Que, toujours ardente à m'aimer,
Tu te bornerois pour la vie

Au triste honneur de me charmer ?
Vas , profite de ta jeunesse :
A ton gré promène ton cœur.
Séduis , & trompe avec adresse :
Point de remords , point de foiblesse ;
Tout préjugé mène à l'erreur.
Ainsi , toujours plus agréable ,
Charme les cœurs , charme les yeux.
Si tu t'avisois d'aimer mieux ,
Tu serois cent fois moins aimable.

EPITRE IV.

A M. LE MARQUIS DE L****

J'AIME les fleurs dont ta main me couronne.
Un éloge que l'esprit donne
Est toujours cher, toujours flateur.
Mais tu veux vainement dissiper ma tristesse;
Vainement, au flambeau d'une fausse sagesse,
Tu prétends ranimer mon cœur.
J'ai trop connu le vrai bonheur
Quand l'ingrate Chloé partageoit ma tendresse.
Il faut, dis-tu, vivre pour soi:
C'est là le seul moyen de jouir de la vie.
Non, tu ne le crois point: mon cœur te justifie,
Et ce cœur pour jamais ose compter sur toi.
Mais, ô cruelle inquiétude!
Qu'est devenu le temps, où, dans ma solitude
Appelé par mes tendres vœux,

Tu venois nourrir l'habitude

De nous aimer & de nous rendre heureux?

Que sont-ils devenus ces jours si desirables,

Où nous nous occupions de ces charmans objets,

Auteurs de nos plaisirs, auteurs de nos regrets,

Perfides quelquefois, mais toujours adorables?

Rappelle-toi ces jours, leur constante douceur.

Abjure, l'amitié t'en prie,

Une vaine philosophie

Qui n'a qu'un éclat imposteur.

Ami, je pleure moins mes peines qu'une erreur

Dont je te verrois la victime.

L'insensibilité sans doute est un grand crime;

Mais c'est un bien plus grand malheur.

Oui, l'homme doit aimer; cette flamme brûlante,

Rayon de la Divinité,

Cette ame toujours agissante,

Du sentiment tient son activité.

L'homme est comptable à la société;

Il doit en partager les charmes & les peines.

Libre

Libre & fier de sa liberté,

Lui-même il s'imposa ces chaînes.

Dès qu'il connut son cœur, il sentit tour à tour,

Et l'amitié paisible, & l'indomptable amour ;

L'amour qui dans l'objet qu'on aime,

Dans cet objet toujours charmant,

Comme dans un autre soi-même

Fait exister, & jouir doublement ;

Et l'amitié moins légère, aussi tendre,

Qui d'une secourable main,

Sèche les pleurs que le chagrin,

Que l'amour même, helas ! quelquefois fait répandre.

Vois-tu ce chêne audacieux

Qui, dominant sur de vastes campagnes,

Semble égaler les plus hautes montagnes,

Et porter la voûte des cieux.

Orgueilleux de sa force, il insulte au tonnerre ;

Il insulte aux vents furieux ;

Mais bientôt, accablé dans cette affreuse guerre,

Il tombe, & ses rameaux couvrent au loin la terre.

De tous les fragiles humains,

B

Cher Marquis , reconnois l'image.
Ils ont beau s'armer de courage ;
Veulent-ils lutter feuls ? Leurs projets feront vains.
Abjure une erreur trop coupable ;
Ami , viens dans mes bras. Le fage véritable,
Par les plaifirs toujours lié ,
S'il n'eft aux autels de Cithère ,
A ces autels que je revère ,
Eft au temple de l'Amitié.

EPITRE V.

A GLICERE.

L'AMOUR inventa vainement
L'art de peindre aux yeux la tendreffe.
Ah ! quel foible foulagement
Au malheur d'un fenfible Amant,
Quand il eft loin de fa Maîtreffe !
Qu'eft-ce pour mes tendres defirs
Que des nouvelles peu certaines ?
L'inftant où je lis tes plaifirs,
Peut-être eft celui de tes peines.
Oui, trop fouvent je lis envain
Ce qui m'intéreffe & te touche.
Un mot, un feul mot de ta bouche
En vaut mille écrits de ta main.
Tu m'aimes ; je viens de le lire.
Mais, en partageant mon délire,

B ij

Devines-tu ce que je fais?

Je pense à toi, je te desire;

Je te cherche & je ne respire

Que pour ton cœur, & tes attraits.

Tu vins souvent sur ce rivage

Goûter le plaisir & le frais;

L'onde que ce palmier ombrage

Caressa tes charmes secrets;

Caché dans ce sombre bocage,

L'Amour t'y perça de ses traits.

Par-tout je te rendis hommage;

Je trouve par-tout des regrets.

Vainement je vois la Nature,

Constante dans ses changemens,

Des mains heureuses du Printemps

Prendre une nouvelle parure.

Loin de distraire mes douleurs,

Son éclat les irrite encore.

Je vois des gazons & des fleurs,

Et je ne trouve jamais Flore.

Si les Rossignols dans ces bois

Forment un concert doux & tendre,
Puis-je me plaire à les entendre?
Leurs sons n'égalent point ta voix.
Pour charmer ma peine mortelle
Que je sens naître avec le jour,
Et que chaque soir renouvelle,
Je parle à l'amitié fidelle
De ma Maîtresse, & de l'amour.
Sa main daigne essuyer mes larmes;
Son ame ressent mes alarmes;
Mais que mon cœur s'épanouit
Quand sa voix me peint tous tes charmes,
Que la beauté même applaudit!
Cette taille noble, & légère,
Ce cœur sensible & généreux,
Ce regard si voluptueux,
Cet esprit toujours sûr de plaire,
Ce beau sein, toujours plus charmant,
Même alors que son mouvement
Repousse la main téméraire;
L'Ebene de ces longs cheveux,

Et ces perles qu'un doux sourire,
Présente à l'œil qui les admire,
Et fait contraster avec eux.
Combien d'autres dons précieux
Que l'amitié ne peut connoître,
Que trouve en toi l'amour heureux,
Ou qu'il est sûr d'y faire naître !
Loin des causeurs, loin des jaloux,
Ah ! qu'avec transport j'envisage
La liberté, ce bien si doux,
Quand l'Amour peut en faire usage,
Et quand il est à tes genoux !
A la Ville une froide étude,
Les préjugés, l'inquiétude,
Troublent la paix, & le bonheur:
Ce n'est que dans la solitude
Que l'on peut jouir de son cœur.
Vole dans ce séjour tranquille ;
Laisse la Cour, laisse la Ville
A l'importune fausseté.
L'amitié te prépare un trône

Où l'amour & la volupté
Viendront honorer la Beauté,
Et parer de fleurs sa couronne.
Puissé-je bientôt près de toi
Donner, ou recevoir sans cesse
Quelque gage de notre foi,
Louer ta grâce enchanteresse,
Te contempler avec ivresse
Dans le désordre du sommeil,
Et sur tes lèvres demi-closes,
Cueillir rapidement ces roses
Que vient animer le réveil !

EPITRE VI.

A L'AMOUR.

Daigne m'offrir tes plus riants tableaux,
Fils de Vénus, viens remplir mon attente.
Que sous mes yeux tes délicats pinceaux
Tracent l'image à mon cœur si présente
De cette nuit favorable, & charmante,
Où ma Maîtresse a comblé tous mes vœux,
Où des mortels je fus le plus heureux.
Donne-moi l'art, Dieu puissant que j'implore,
De peindre ici l'excès de mes plaisirs.
Par ce talent, que le vulgaire ignore,
L'amant sensible est plus heureux encore,
L'amant aimé ranime ses desirs.

Depuis deux ans, assuré de lui plaire,
Je demandois une nuit à Glicère;

Glicère enfin à mes defirs fe rend.
Je fuis au jour qui flatte ma tendreffe;
Jour tant de fois attendu vainement!
A peine il luit, que mon ame fans ceffe
Preffe le char du foleil expirant,
D'aller fe perdre aux mers de l'Occident.
La nuit enfin, la nuit fi defirée,
Vient éclipfer l'importune clarté.
Minuit, cette heure à l'Amour confacrée,
Sonne, & je vole où m'attend la beauté.
Je vole, arrive, & conduis ma Maîtreffe
Près de l'autel dreffé pour nous unir;
Tel fur des fleurs l'impatient Zéphir,
Plein des tranfports d'une amoureufe ivreffe,
Attire Flore, & la voit s'embellir.
Chaque moment, par un nouveau defir,
Vient ajouter à mon impatience.
Chaque moment, par un nouveau plaifir,
Surpaffe encor mon heureufe efpérance.
Quelle fureur s'empare de mes fens?
Ciel! qu'ai-je vu? Que d'objets raviffans!

De quelle ardeur mon ame est embrasée!
Devant les Dieux par l'amour exposée,
Est-ce Vénus qui reçoit leur encens?

O DOUCE NUIT! ô nuit délicieuse!
Qu'un tendre amant te doit de voluptés!
Du plus beau jour rivale trop heureuse,
Toi seule, hélas, découvres des beautés
Qui redoutoient sa lumière odieuse.
Glicère, & moi ressentons même ardeur;
Contre mon sein vivement je l'entraîne;
Contre mon cœur, elle serre son cœur;
Même desir tous les deux nous enchaîne,
Pour enchaîner avec nous le bonheur.
Bientôt Glicère à ses feux s'abandonne;
Ton dernier trouble, Amour, vient l'agiter.
Plaisirs bien vifs pour qui sait les goûter!
Plaisirs plus doux pour celui qui les donne!

EPITRE VII.

A MADAME LA COMTESSE ***,

Sur son départ pour Chanteloup,
en Janvier 1771.

Partez de ce triste séjour ;
Cédez, s'il se peut, dès ce jour,
A votre généreuse envie.
Un ami même vous en prie,
En brûlant pour votre retour.
Sur le rivage de la Loire,
Allez contempler dans sa gloire
Ce Ministre disgracié.
L'Amour d'une Epouse chérie,
Les délices de l'amitié,
Et les soupirs de la Patrie,
Feront le charme de sa vie ;
Son destin est d'être envié.

Envain je voulois vous diftraire
Des maux qu'il nous caufe aujourd'hui ;
Mon cœur, à mes projets contraire,
M'oblige à vous parler de lui.
Il vint ; auffi-tôt fa prudence
Sut donner de nouveaux reíforts,
De nouveaux jeux à tous ces corps,
Remparts animés de la France.
Le courage par la fcience
Va multiplier fes efforts.
Il vint ; la dignité févère
N'ombragea plus le Miniftère.
Toujours fuivi de l'enjouement,
Sur la plus épineufe affaire,
Il répandoit légèrement
Les grâces de fon caractère.
Le grand art, l'art heureux de plaire,
Double les fuccès du talent.

Du politique Labyrinte
Falloit-il fonder les chemins ?

Il se jouoit dans cette enceinte ;
Le fil étoit sûr dans ses mains.
A pas tardifs le bœuf se traîne ;
Le Coursier, volant sur l'arêne,
Trouve des bornes à ses pas ;
Mais l'aigle plus fier, plus rapide,
Que rien n'arrête, n'intimide,
Plane en un jour sur vingt climats ;
Tel Choiseul, de l'œil du génie,
Parcourt l'Univers, l'apprécie,
Et lit les secrets des Etats.

TU L'AS VU ce Dieu tutelaire,
France, vers un autre Hemisphère,
Occupant le Dieu des combats,
De tes champs éloigner la guerre,
Soutenir ton trône d'un bras,
Commander de l'autre à la terre.

LE SORT veut envain l'effrayer.
Semblable au valeureux Guerrier,

Qui, pour fa gloire, & pour fon Maître,

Tient ferme au deſſus du foyer,

Où va s'enflammer le ſalpêtre,

Choiſeul, ſans être moins heureux,

Voit le danger qui le menace,

De la paix reſſerre les nœuds,

Et, ſoumis, attend ſa diſgrace.

LE SORT le frappe : il cède au coup.

Déjà je le vois ſous l'ombrage,

Qu'au Miniſtre la main du Sage

A préparé dans Chanteloup.

Le jour eſt pour lui ſans nuage ;

Il fit le bien, il vit content,

Et de loin ſourit au paſſage,

Où l'Immortalité l'attend.

JAMAIS faveur, ou récompenſe,

N'enchaîna ma reconnoiſſance ;

Je ne leur dois point ces accens.

C'eſt la vérité qui m'inſpire ;

Elle seule monte ma lire,
Et donne un prix à mon encens.

Mars vainement elle m'enflamme,
Je n'ai peint l'homme qu'à demi.
Cent fois vous m'avez peint l'Ami
Avec l'éloquence de l'ame.
Alors, même en voyant vos yeux
Briller d'une beauté nouvelle,
Entre le Peintre & le modèle,
J'ignorois qui j'aimois le mieux.
Ah combien je vous porte envie !
Comme Françoise, & comme amie,
Vous allez le voir, l'admirer !
Partez ; il doit vous defirer ;
Il doit aimer à vous entendre ;
Vous lui peindrez notre douleur.
Partez, partez, fans plus attendre.
Les grâces feules peuvent rendre
Les tendres mouvemens du cœur.

ÉPITRE VIII.

A MADEMOISELLE HEINEL.

Règne par la beauté, règne par les talens;
   Heinel, ton trône est sur la Scène.
   Viens-y toujours en Souveraine,
Nouvelle Terpsichore, exiger notre encens.
De nos yeux, de nos cœurs viens ravir le suffrage;
C'est un double triomphe, & tu dois en jouir.
Mais qu'il est plus heureux de t'offrir un hommage
Qu'il n'est jamais flatteur pour toi de l'obtenir !

Quels sons! quels doux concerts! que d'attraits en partage!
Est-ce la jeune Hébé qui se montre à nos yeux,
Au moment de charmer, & d'enivrer les Dieux?
A ce maintien modeste, & même un peu sauvage,
Est-ce Diane? Hélas! tremblez, tendres mortels.
Est-ce Vénus? Volons, dressons lui des autels.
Tous

Tous les yeux, belle Heinel, attachés fur tes traces,
Les fuivent avec volupté;
Toujours, en te voyant, on adore les Grâces;
On refpecte la Majefté.
Tantôt un déploiement facile
Fait errer mollement le regard enchanté;
Sur un pied tantôt immobile
Tu laiffes quelque temps au regard plus tranquille
Le plaifir dangereux d'admirer la beauté.
Tu pars, & dans ta marche agile, & toujours fûre,
Telle que le léger Zéphir
Qui de la rofe au lis paffe fans les flétrir,
Tu nous peins par chaque figure
Le fentiment, l'efprit que tu fais allier,
L'accord intéreffant des dons de la Nature,
Et le don plus flatteur de les multiplier.
Auffi favante qu'agréable,
Ta danfe à tout moment offre un charme nouveau;
On croit voir l'affemblage aimable
Des chef-d'œuvres fameux du Guide, & de Wateau.

C

MUSES, Grâces, Vénus, amante de Céphale,
Pour peindre mieux Heinel, prêtez-moi vos couleurs;
Mais des Divinités obtient-on les faveurs,
En s'occupant de leur Rivale?

EPITRE IX.

A MADAME **.

A vous que j'aime à la folie,
Zirphé, sans avoir vu vos traits.
Oui, d'après au moins vingt portraits
Se ressemblant, & tous parfaits,
Je crois vous voir assez jolie,
Pour vous adorer à jamais;
Et je vous consacre ma vie.
Je trouverois assez plaisant
Que ce qu'on nomme sympathie
Vous forçât de m'en dire autant.
Si ce brusque aveu vous étonne,
Voyons; qu'auroit-il de facheux?
Quoi! de la Seine à la Garonne,
Un amant est-il dangereux?
Allons, point de vertu cruelle;

C ij

Jeune Zirphé, point de courroux.
Que vois-je ? Un sourire si doux
Approuve-t-il l'amour fidèle
Que j'aurai sans doute pour vous,
Cet amour vif & sans modèle,
Cet amour déjà si jaloux ?
Oui jaloux, Zirphé, quand je pense
Que j'ai près de vous cent Rivaux.
Ah ! de grâce, augmentez leurs maux,
S'il en est en votre présence.

Ah ! que ne puis-je constamment
Voir moi-même, en suivant vos traces,
Ce que l'on m'a dit si souvent,
Et célébrer en vous voyant,
Mille plaisirs & mille grâces !
Saisir tant de traits précieux
Et d'esprit & de caractère !
Chercher le bonheur dans vos yeux !
Y lire le desir de plaire,
Desir pour vous toujours heureux !

Vanter cette taille si fière
De se parer à tous momens
De deux demi-globes charmans ,
Comme le lis dans le Printemps ,
Couronne sa tige légère !
Louer avec plus de mystère
Ces lèvres de rose où l'amour
S'amuse en allant à Cithère ,
Et se repose à son retour !

MAIS SI , tout à coup plus sevère ,
Vous m'alliez dire avec colère :
Monsieur , je ne vous connois point !
Croyez-moi , grâce de ce point
Qui ne m'effarouchera guère.
Je sais trop qu'en de certains cas
La dignité n'est point à craindre.
On la voit si souvent se plaindre
Quand le cœur la dément tout bas.
N'importe ; essayons de nous peindre
Pour éviter tout embarras.

C iij

L'entreprise est très-délicate ;
Mais qui, connoissant mon objet,
Hors quelque Rival, en effet
Peut me blâmer si je me flatte ?
Je ne dois plus être alarmé ;
C'en est fait ; je reprens courage.
Oui, j'ose le dire, à mon âge,
Le cœur peut être encor charmé ;
L'esprit doit paroître agréable.
L'homme par l'usage formé,
A cet âge est le plus aimable ;
On le dit ; mais c'est une fable ;
Car je sens qu'il est moins aimé.
Ma taille, mon air, ma figure
Ont dû plaire assez autrefois.
J'en ai conservé la peinture,
Et c'est ainsi que je le vois.
Du temps la fatale vîtesse
Enfin, je dois en convenir,
M'entraîne loin de la jeunesse.
Eh bien ! sans regrets, sans tristesse ,

Je fuis au moment de jouir,

Moins emporté par le defir,

Plus éclairé par la tendreffe.

J'ai fervi dans plus d'un emploi

Vingt ans fous les drapeaux du Roi,

Plus long-temps fous ceux de nos Belles.

En fut-il de tendres pour moi?

Je l'ignore ; mais, fur ma foi,

Je fais qu'il en fut d'infidelles.

Je n'en pris jamais trop d'humeur;

Souvent j'aimai mon fucceffeur,

Et mon cœur parle encor pour elles.

DAIGNEZ ici vous confulter;

L'article eft de quelque importance.

Oui , vingt Femmes en confidence

M'ont daigné dire , & répéter

Qu'un Amant facile à quitter

Doit être pris par préférence.

SANS trop penfer au nom d'auteur,

C iv

D'Erato faififfant la lyre,
J'ai prétendu dans mon délire
Amufer la Cour ; quelle erreur !
Et dans peu de jours à la Ville,
Je vais affronter la rigueur
Du parterre fi difficile. (1)
Des Rimeurs j'ai peu les travers ;
Un ami veut-il voir mes vers ?
Je fuis les confeils qu'il me donne.
Difcret, galant, jamais flatteur,
Au rang j'accorde une valeur ;
Mais je compte avec la perfonne.
Prévenir conftamment l'ennui,
Gliffer fur les défauts d'autrui,
Être avec une humeur égale,
Complaifant, fans être foumis,
Jeune Maîtreffe, vieux amis,
Voilà mes goûts, & ma morale.

---

(1) L'Opéra de la Fête de Flore.

Mais il est temps d'être discret.
J'ai dit tout ce que j'ai pour plaire.
Que me reste-t-il donc à faire ?
D'envoyer vite ce portrait.

Que je sois, ou non, trop modeste,
Zirphé, soulagez le tourment
D'une incertitude funeste.
Accordez-moi très-promptement
Un Bon pour être votre amant ;
Vous aurez du temps pour le reste.

ÉPITRE X.

A MADAME **.

Eh QUOI, jeune Chloé, pour l'honneur de tes charmes,
Sans le plus léger prix, tu veux que mille amans
    Paſſent leurs jours dans les alarmes ,
T'adorent ſans oſer te peindre leurs tourmens ?
Tu veux de tendres ſoins, des ſoupirs, & des larmes.
    Je connois fort bien tout cela ;
    Mais, par le temps devenu ſage,
    Je n'en fais plus guère d'uſage
    Que dans mes Scènes d'Opéra.

Dans des vers languiſſans , dictés par la foibleſſe ,
    Bien flatteurs , bien plus ennuyeux ,
    Que tes amans vantent ſans ceſſe
    Tes yeux , leur beauté , leur fineſſe ,

Tu ne m'entendras point me récrier comme eux.

Moi, je ne connois de beaux yeux,

Que ceux qui peignent la tendresse.

Ton tein peut rappeler la fraîcheur du Printemps;

Mais du Printemps enfin que m'importe l'image?

Je ne dirai rien de ton âge;

Eh! qui n'a pas eu dix-sept ans?

Ce port, cette taille divine

Réunissant la Majesté

Du cèdre qui dans l'air domine

Au liant d'un roseau par Zéphire agité,

Ce pied qu'on aime à la folie,

De ta voix les sons ravissans,

De ton sein les attraits naissans,

Et cette bouche si jolie

Qui charme, appelle tous les sens. ...

Ah pourtant, j'en conviens, tout en toi doit séduire.

En te peignant, Chloé, je t'aime, & mon délire

Doit te venger de mes accens.

Pardonne une légère offense;

Permets qu'à tes genoux j'aille vîte m'offrir

Bien digne de ton indulgence.
Ah! Chloé, quel bonheur! si je dois au plaisir
Le repos de ma conscience.

EPITRE XI.

A MADAME *******.

PRENDRE un Poëte pour amant !
Zelis : oh la bonne folie !
Est-ce l'esprit, le sentiment
Qui te subjugue & qui te lie ?
Céderois-tu pour le moment,
Je le dis par plaisanterie,
Au besoin d'un engagement.
Ah, je devine ; apparemment
Tu veux goûter de ton vivant
Les prémices d'une autre vie.
N'es-tu donc pas jeune & jolie ?
Zelis, jouis mieux du présent ;
Vas, ta beauté te déifie.

QUE le nom vanté de Lesbie
Cesse enfin d'égarer tes sens.

Crois-moi, sous ce nom qu'on envie,
Catulle exerça ses talens;
Plus d'une Maîtresse chérie,
Séduite, conquise & trahie,
Tour à tour anima ses chants.
D'ailleurs ces Messieurs dont la muse
Tire sur la postérité
Des brevets d'immortalité,
Pourroient fort bien en vérité
Craindre un peu qu'elle ne refuse
D'acquitter sur leur arrêté.

BELLE ZELIS, que veux-tu faire
D'un Rêveur toujours transporté
Qui, d'une Iris imaginaire,
Se forme une Divinité?
D'un fou qui parle de Parnasse,
Et de Muses à tout propos,
Nous chante Alcide, & ses travaux,
Loin de tenter avec audace
D'être au nombre de ses Rivaux?

QUE vois-je ? Quelle ardeur l'embrase ?
Il court, il vole dans tes bras !
Bon ! c'est pour peindre tes appas
Qu'il te regarde avec extase.
Un plaisir pour lui plus flatteur
Suspend bientôt ce foible hommage ;
Il te lit son nouvel ouvrage ;
Adieu tous les plaisirs du cœur.

SANS doute, convive agréable,
Il va le soir par sa gaîté
Faire le charme de la table,
Et, par ses succès plus aimable,
Intéresser ta vanité.
On peut aimer l'homme estimable ;
On adore l'Amant fêté.
Mais, toujours négligeant de plaire,
Ton Penseur, même à ton côté,
Ou disserte avec gravité,
Ou, Philosophe atrabilaire,
Loin de rire avec la beauté,

Approfondit un caractère.

Prend-il, Icare téméraire,
L'essor, hélas! si peu suivi
De Quinault, Corneille, ou Molière?
Pour Arnould, Vestris, Doligni
Est-il déjà dans la carrière?
Alors pour toi que de tourmens
Jusqu'à ce jour dont la lumière
Va t'éclairer sur ses talens!
Ce jour vient: le parterre avide
Se meut en flots tumultueux.
Tu frémis; l'Auteur s'intimide;
La foudre gronde: un flot perfide
Engloutit l'ouvrage à tes yeux.

Tel qu'Arion, calmant l'orage,
Si ton Amant plus fortuné,
De lauriers, de fleurs couronné,
Regagne à la fin le rivage,
Tu croiras son destin charmant.

Quelle

Quelle erreur ! apprends que l'envie
Fera le tourment de sa vie,
Du triomphe d'un seul moment.

MAIS je veux, en ami sincère,
Mieux t'éclairer sur l'avenir.
Un jour l'Amour pria Zephir
De cultiver, de rafraîchir
Le rosier chéri de sa mère.
Le fils de Latone survient,
Et demande la même grâce
Pour quelques lauriers du Parnasse ;
Il presse, il insiste, il obtient.
Tandis que Zephir trop facile
Près de la palme des Auteurs
Prend un soin peut-être inutile ;
La charmante Reine des fleurs
Brûle, languit, perd ses couleurs.
Belle Zelis, souviens-toi d'elle.
Ou quitte un Amant infidèle,
Ou fais-lui quitter les neuf sœurs.

D

ÉPITRE XII.

A M. LE COMTE DE L****,

fur l'Opéra.

BONJOUR, ami tendre & conſtant,
Heureux époux, père adorable,
Philoſophe toujours content,
Toujours diverſement aimable.
Enfin me voilà donc Auteur,
Puiſque ainſi le dit ton Epître !
Auteur ! ſoit : je m'en fais honneur,
Sans oſer prétendre au bonheur
D'honorer quelque jour ce titre.

Si cependant comme autrefois,
Les Belles priſoient mon hommage ;
Croirois-tu qu'un deſir volage,

Vînt m'entraîner sous d'autres loix ?
Ami, non tu ne peux le croire,
Toi qui m'as vu depuis vingt ans
Toujours maîtrisé par mes sens,
Et fort peu jaloux en tout temps
De plaire aux Filles de mémoire ;
Toi, mon sensible confident,
Qui protégeas discrétement
Mes amours légers ou fidèles ;
Toi que j'aimois en vérité
Quelquefois moins qu'une beauté,
Mais toujours bien plus que les belles.
Tu le sais, j'ai besoin d'erreurs :
Je suis né si vif, & si tendre.
Il me faut toujours des faveurs,
Et j'ai l'audace de prétendre
A celles même des neuf sœurs.

POUR un moment vois quel empire
Je dois à mes augustes nœuds.
La foudre obéit à mes vœux,

Et Vénus daigne leur sourire.

Je commande ; Pluton soupire,

Des Rois gémissent dans les fers ;

Apollon guide mes concerts ;

Flore dans un heureux délire,

En jardins change les déserts.

Aux divers accords de ma lyre,

Le marbre s'anime, respire,

Ou forme un Palais dans les airs.

Je calme, ou soulève les mers ;

A ma voix les Cieux sont ouverts,

Et chez moi la Cour immortelle

Souvent se trouve pêle-mêle

Avec les monstres des Enfers.

Oui, le désespoir, & la haine

Viennent rugir dans mon séjour,

Et de ma main je les enchaîne

Pour les immoler à l'Amour.

Tu peux juger de mon ivresse

Quand mon art trouve le moyen

D'unir enfin d'un doux lien

Un Héros avec sa Princesse.
Ami, jusques-là tout va bien;
Tout me transporte, & m'intéresse;
Mais gare le Musicien.

MONSIEUR, il faut prendre la peine,
De racourcir, & promptement,
Ce récitatif qui me gêne,
Dit-il impérieusement;
Allons, qu'une demi-douzaine
De vers coupés également
Prépare un air de mouvement;
Placez-là les mots, *vole*, ou *chaine*,
Pour y produire un roulement.
Jetez des vers de sentiment
Dans tel Acte, dans telle Scène.
Mais, Monsieur… — Point d'entêtement;
Rayez ce développement.
Je le veux, Monsieur; mon chant traîne.
J'ai d'ailleurs certains petits airs
Dont j'attends un effet unique;

Allongez, abrégez vos vers,
Mettez des mots sous ma musique.
Et j'obéis : hélas ! comment ?
N'importe : il est toujours content
Quand rien ne gêne son ramage ;
Et se moque, en s'applaudissant,
Du peu d'ensemble de l'ouvrage.

Ah, combien encor de tracas
Qu'il seroit trop long de décrire !
Il est sage d'en parler bas :
Il est bien plus sage d'en rire.

EPITRE XIII.

A M. DORAT,

Après la première repréſentation de Regulus
& de la Feinte par Amour.

DEUX ſuccès dans un jour ! quel malheur pour l'envie !
  Quelle douceur pour l'amitié !
  Si l'entreprise fut hardie,
  Te voilà bien juſtifié.

  SUIS tes heureuſes deſtinées ;
  Ami, que tes mains fortunées
Moiſſonnent tour à tour des lauriers, & des fleurs.
  Séduit par les accens flatteurs
  Des doctes Nymphes du Parnaſſe,
Tu laiſſas ces lauriers, teints de ſang & de pleurs,
                    D iv

Que t'offrit le Dieu de la Thrace ;
Apollon à ton choix doit toutes ses faveurs.

Que ton pinceau me plaît! que sa touche est aisée!
Que ta fécondité m'étonne, & me ravit!
Dis-moi comment ton art sans gêne l'asservit ;
Comment l'expression noble, riche, & sensée
Harmonieusement vient servir ta pensée,
Et comment à la fois, au gré de ton esprit,
L'homme du monde parle, & le Poëte écrit.

ENFIN Melpomène, & Thalie,
En te conduisant d'une main,
De l'autre sur ton front serein
Placent les palmes du génie.
Près de toi les plaisirs, les jeux
Chantent des hymnes à ta gloire,
Et l'amitié, tu dois le croire,
Applaudit & chante avec eux,

« QUE j'aime les fruits de tes veilles!

» Peintre charmant de la gaîté,
» Des mœurs, de l'héroïsme, & de la volupté,
» Sur les pas des Chaulieux, des Greſſets, des Corneilles,
» Tes triomphes ont éclaté.
» Que j'aime les fruits de tes veilles !
» Tu vas par trois chemins à l'Immortalité.

EPITRE XIV.

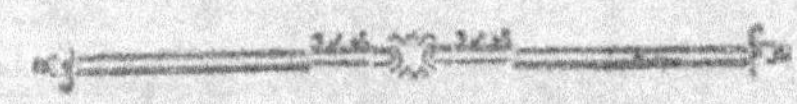

A M. *.

QUAND j'ai reçu ta lettre, mon ami, j'avois quelque humeur contre les vers ; j'avois juré de n'en plus faire, & de n'en plus lire. Les tiens m'ont déjà fait manquer bien des fois à une partie de mon serment, & je sens même qu'ils affoiblissent mes scrupules sur l'autre.

> Oui tes vers ont su me charmer,
> Et je ne puis trop les relire.
> Sous tes yeux j'appris l'art d'aimer ;
> Que n'appris-je aussi l'art d'écrire !

Mais je t'ai parlé de mon humeur ; il est donc assez naturel de te dire ce qui a pu l'occasionner.

Lorſque j'ai formé des bouquets
Dans les rians jardins de Flore (1),
Rien n'a traverſé mes projets ;
Les Guêpes ſommeilloient encore.
Sans orgueil bientôt j'ai voulu,
Prenant une route nouvelle,
Montrer cet amour peu connu,
Cet amour antique, & fidèle,
Toujours reſpectant une belle,
Toujours ſeul accueilli par elle,
Et combattant pour ſa vertu (2).
J'ai cru le ſujet favorable ;
Je l'ai ſaiſi, je l'ai traité.
J'ai cru mon projet très-louable,
Puiſqu'il honoroit la beauté.
Mais, à l'abri de ſon égide
Qui raſſuroit mon cœur timide,
A peine, ſans craindre un affront,

---

(1) L'Opéra de la Fête de Flore.
(2) Adèle de Ponthieu, Opéra de Chevalerie.

Ai-je voulu parer mon front
Du plus beau laurier du Parnasse,
Que tout le peuple des Rimeurs,
Des Nuls, des Sots, & des Railleurs,
S'est récrié sur mon audace.
Oser nous tracer le tableau
De l'antique Chevalerie !
Sur la Scène de la Féerie
Introduire un genre nouveau !
Sans sorciers, sans mythologie
Faire toute une Tragédie !
Ah parbleu cela sera beau !
Mais voyez un peu la manie!.....
Si, par le plus grand des hasards,
On l'applaudit, on l'encourage,
Lançons des traits de toutes parts
Contre le Poëte, & l'ouvrage.
Ainsi pour un simple laurier
J'ai reçu plus d'une blessure ;
Mais je ris de mon aventure ;
Ce sont là les fruits du métier.

Tout bien confidéré cependant, je crois que je vais planter là les neuf fœurs & pour toujours. Quelle folie en effet d'affronter l'ignorance & la fottife de la multitude qui juge de tout, ne fait grâce fur rien, & fe défend même contre le plaifir qu'on lui donne! Quelle folie d'affronter à la fois la malignité des gens oififs, l'orgueil de fes rivaux, la critique des prétendus connoiffeurs, la jaloufie de tous!

> Ami, fi nous rimons jamais,
> Chantons feulement les attraits
> D'une beauté tendre, ou cruelle.
> Nos vers lui fembleront parfaits
> Dès que nous dirons du bien d'elle.

Tu comptes peut-être que je te manderai des nouvelles du pays des illufions, de ce Paris où je t'attends envain depuis fi long-temps. Eh bien, c'eft ici toujours la même liberté; on y trouve toujours les mêmes charmes, & par fois on y voit de nouvelles folies.

DANS cette Ville enchanteresse,
Tout, peu s'en faut, tout est permis :
En tous lieux aisément admis,
L'un va du Boudoir à confesse ;
L'autre, ayant dîné chez Lucrèce,
En sort, vole, entre chez Laïs,
Et se flatte de sa tendresse.

UNE foule de jeunes gens
Surprendroit ton expérience,
Au moins pendant quelques instans,
Si tu voyois leur assurance
A parler de chaque science,
A prononcer sur les talens.
Mais souvent leur fougue imprudente
Ne plaît bientôt qu'à leurs parens,
Et ces hommes, faits à quinze ans,
Sont encore enfans à quarante.

DES COURTISANES d'aujourd'hui,
Que suit l'insolence, ou l'ennui,

Le luxe, Ami, te feroit rire.

Chaque Amant, épris sans amour,

Brûle de montrer au grand jour,

Et sa conquête, & son délire ;

Veut que sa Belle ait une cour,

Qu'elle soit par-tout, qu'on admire

Le collier qui pare son sein,

Ses coursiers, sa robe, son train.

N'est-ce pas, à peu près, lui dire :

Dans ce char doré par Martin,

Faites voir à toute la Ville,

Que vous êtes une Catin,

Et que je suis un imbécille.

S'agit-il d'une nouveauté ?

On court, on remplit le Spectacle,

Pour fronder, ou crier miracle,

Souvent sans avoir écouté.

Le souper vient : c'est autre chose.

On médit : faut-il pas qu'on cause ?

Ce n'est là qu'un amusement.

A Paris, fort heureusement,

Il est tant d'objets pour médire

Que le grapin de la Satire

N'est jamais sur nous qu'un moment.

Dans tout temps enfin sans scrupules ,

On brode sur les ridicules ;

On parle des impôts , des loix ,

Sur-tout des belles , & des Rois.

Chacun ou critique , ou raisonne ,

Ou , par fantaisie , ôte, & donne ,

Et des amants & des emplois.

Nicolet (1), nouvelle musique ,

Tragique-bourgeois , politique ,

Romans , Sermons , & cætera ,

Tout s'agite , & rien n'intéresse.

On parle du Turc à la Messe ,

Et puis du Pape à l'Opéra.

---

(1) Farceur des Boulevards.

EPITRE XV.

EPITRE XV.

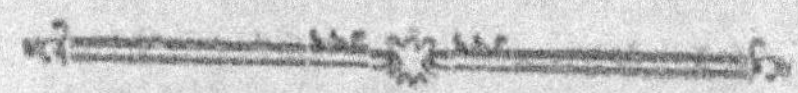

A M. LE VICOMTE DE C ***,

Que fais-tu, jeune audacieux ?
Ixion, quelle est ton attente ?
A vingt ans tu portes les yeux
Sur une femme de quarante !
A vingt ans ! pauvre malheureux !
Quoi ! sans aucun respect pour l'âge,
Voilà mon enfant qui s'engage,
Et s'avise d'être amoureux !
Si l'on ne reçoit ton hommage,
Si l'on fait languir tes amours,
Faudra-t-il trembler pour tes jours ?
Allons, mon cher, reprends courage.
Le succès desiré par toi
N'est pas tout à fait impossible ;

E

Mais que de peines je prévoi
Pour rendre ta Belle senfible !

Ecoute : à ton premier defir ,
Je crois la voir dans fon ivreffe
Difcrétement s'enorgueillir
D'avoir allumé la tendreffe
D'une ame qui s'ouvre au plaifir ;
Te remontrer quelle diftance
Le temps mit de fon âge au tien ,
Mais toujours avec l'efpérance
Que ton amour n'en verra rien.
A l'en croire , aucune aventure
N'effleura jamais fon honneur ;
Et , jufqu'à toi , fon ame pure
Sut réfifter ,…… la chofe eft súre :
Sans doute on attendoit ton cœur.
Au jargon de la pruderie
La volage coquetterie
Succédera pour ton malheur.
Te voilà jaloux : quel délire !

De ta Dame plus entêté ,
Tu croiras, quelle indignité !
Qu'un autre enfin peut la séduire.
Tu croiras que chacun admire
En elle esprit , vertu, beauté ,
Que chacun pour elle soupire ,
Ébloui par sa majesté.
Moi , je vois tout le monde rire
De ta folle simplicité.
Cependant, toujours enchanté
Dans le Palais de ton Armide ,
Tu fuiras la main qui te guide
Au miroir de la Vérité.
Par jalousie , ou par systême ,
On flattera ta vanité ;
Plus tu seras persécuté ,
Enfant , plus tu croiras qu'on t'aime.
Et puis soupire , j'y consens :
Dans l'attente du bien suprême
Laisse évanouir ton printemps.
Ah ! bien plutôt use d'adresse.

E ij

Moins de respect, brusque l'instant;
Jouis des droits de la jeunesse.
Eh vîte, vîte au dénouement,
Quitte à reprendre le roman
Avec une jeune Maîtresse.

EPITRE XVI.

LA RÉUNION
DE LA MUSIQUE ET DE LA POESIE.
A MADEMOISELLE BEAUMENIL.

D'Euterpe, & d'Erato jeune & vive interprète,
    Beaumenil , que de volupté ,
    Que d'intérêt ta voix leur prête !
Que de charmes ta grâce ajoute à leur beauté !
    Vois-les s'enflammer, & sourire.
Ton art les embellit ; ton talent les inspire.
Avant toi leurs débats ont souvent éclaté ,
    Et même affoibli leur empire.
Enfin tu les unis : le Pinde est enchanté ,
    L'amour partage son délire ,
Et te présente un prix qui n'est plus disputé.
    Cephise , Pomone , Zirphé ,

E iij

Sylvie , Adèle , Thélaïre
Sous les yeux d'Apollon , aux accens de sa lyre ,
Signent à l'envi le traité.
Que j'aime à te voir triomphante !
Qui pourra décider jamais
Des deux aimables Sœurs quelle est la plus contente,
Lorsque , déployant mille attraits ,
Tu viens , ou folâtre , ou plaintive ,
Tantôt par des chants séducteurs
Varier les plaisirs de l'oreille attentive ;
Et tantôt par un jeu qui touche , & qui captive ,
Tout exprimer , tout peindre , & t'emparer des cœurs.

O PUISSANCE de ta magie !
Par un père homicide entraînée à l'Autel ,
Sans te plaindre de lui , sans regretter la vie ,
Et pour Achille seul offrant des vœux au Ciel ,
Que tu commandes bien à mon ame attendrie !
L'Actrice disparoît sous le couteau mortel ;
Je tremble pour Iphigénie.

Mais, vas, ces triomphes si doux,
Ce talent, ces lauriers, qui te rendent plus belle,
Un seul défaut les détruit tous.
J'en suis fâché pour toi, désespéré pour nous;
C'est ta fureur d'être fidelle.

PIÈCES
ANACREONTIQUES.

PIÈCES
ANACRÉONTIQUES.

L'AMITIÉ NÉCESSAIRE.

Licas, sans un ami point de plaisirs parfaits.
Viens chez moi : l'Amitié t'appelle.
Viens à souper voir une Belle
Qui réunit tous les attraits.
C'est la fraîcheur de la rose nouvelle,
Quand l'aurore à la terre annonce ses bienfaits.
C'est l'esprit le plus vif, c'est l'ame la plus pure.
Tu verras à chaque moment
Dans son plus léger mouvement

Une grâce de la Nature,

Et l'image d'un sentiment.

Les sons d'une musique tendre,

Et le parfum des fleurs répandu dans les airs

Viendront par leurs charmes divers

Ravir tes sens, ou du moins les surprendre.

Mais vers minuit, par procédé pour moi,

Tu dois songer à ta retraite.

Quoique l'amitié soit discrete,

Je pourrai me passer de toi.

LA CONSTANCE.

L'AMOUR, charmante Emilie,
Favorable à mes defirs,
M'a fouvent pendant ma vie
Fait connoître fa folie;
Mais j'ignorois fes plaifirs.

PAR le feu de la jeuneffe
Mon cœur toujours emporté,
Ne donnoit dans fon ivreffe
Qu'un moment à la tendreffe,
L'autre à l'infidélité.

CENT fois la folle inconftance
M'offrit les traits du bonheur :
Séduit par fon apparence
J'y volai : fauffe efpérance !
Il n'étoit que dans ton cœur.

DÈS QUE l'Aurore vermeille
Sort des portes du matin,
Au bonheur qui me réveille,
Se joint celui de la veille,
Et celui du lendemain.

LA VÉRITABLE SAGESSE.

Dans ma demeure solitaire
Réfléchissant, triste, & rêveur,
J'avois vu le Soleil parcourir sa carrière :
Avec Saint Evremond, Montagne, & Labruière,
De l'homme je sondois le cœur.
Déjà, guidé par leur lumière,
J'allois croire que le bonheur
Hors de nous n'étoit que chimère.
O prodige ! un enfant, les yeux baignés de pleurs,
Paroît ; je m'attendris, je ressens ses douleurs ;
Je le prens dans mes bras, & reconnois mon Maître ;
Amour, charmant Amour, comment te méconnoître ?
Quoi, me dit cet aimable Enfant,
Quoi, tes beaux jours sont couverts de nuages,
Quand tu m'as tant de fois chanté dans tes ouvrages !
Reconnois ton égarement :
Chasse cette sombre tristesse.

Ecoute, ouvre les yeux, suis-moi dès aujourd'hui :

Tu cherches envain la sagesse,

Tu ne trouveras que l'ennui.

Viens près de la jeune Glicère,

Ta lyre & l'encens à la main :

Viens te joindre à l'heureux essaim

De mille amans qui cherchent à lui plaire.

Amour, j'ai vu fuir mon printemps :

Ce n'est qu'à de jeunes amans

Qu'il est permis de célébrer les Grâces.

Veux-tu que j'aille sur tes traces

Chanter Glicère, & m'enflammer,

Ou passer tous mes jours à la voir, à l'entendre

Entre la crainte de l'aimer,

Et la peine de m'en défendre ?

Viens, repartit l'Amour ; hâte-toi d'obéir.

Je me rends : son flambeau m'éclaire.

J'arrive, j'adore, j'espère :

J'ai trouvé la sagesse en trouvant le plaisir.

LA

LA FAUSSE ESPÉRANCE.

Sois sensible, sois inhumaine ;
Glicère, t'aime qui voudra :
Pour moi je vais rompre ma chaîne.
Ris du fou qui t'adorera.
Oui, crois-moi, ta coquetterie
A trop fatigué mon desir.
Si l'espérance est un plaisir,
Il en est d'autres que j'envie.
Contre mon amour & mes maux
Je trouverai de sûres armes.
Mais vaine erreur ! ô cruelles alarmes !
Plus mon esprit te cherche de défauts,
Plus mon cœur te trouve de charmes.

F

LE PORTRAIT IMPOSSIBLE.

Je veux tenter de peindre ma Maîtresse....
Comme l'Amour , elle a tous les attraits.
Et , comme lui , la jeune Enchanteresse
Lance par tout d'inévitables traits.
Que j'aime à voir ses beaux yeux, dont les charmes
Sont animés par le tendre desir !
Il les remplit de ces flatteuses larmes
Qui , l'inspirant , annoncent le plaisir.
Le joli sein que celui de Glicère !
Comme il unit l'éclat & la rondeur !
Nouvelle Flore , elle en a la fraîcheur ,
La gaîté vive , & la taille légère.
Toujours sa bouche , organe de son cœur ,
Dans mon esprit porte un jour qui l'éclaire ,
Ou dans mes sens le suprême bonheur.

Mais l'Amour même, hélas! peut-il atteindre
A bien tracer tous ses secrets appas?
Le pourroit-il, quand il ne les voit pas?
Quand il les voit, s'amuse-t-il à peindre?

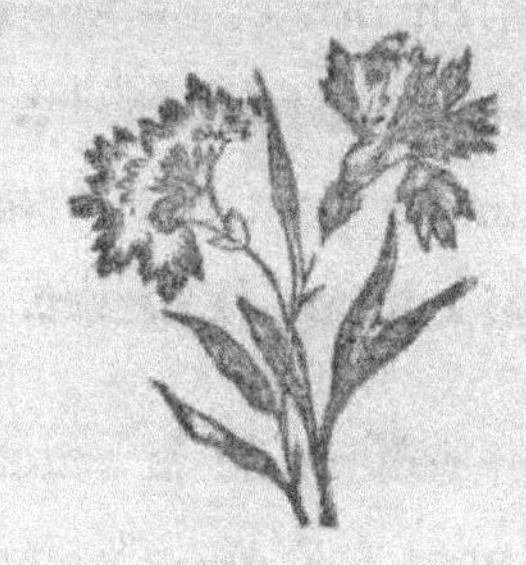

LE RENDEZ-VOUS.

Je t'attends au déclin du jour ;
Je t'attends : viens donc, ma Maîtresse,
Jurer au Temple de l'Amour
Que tu partages ma tendresse.

Je n'ose en douter un instant ;
Ah ! ce seroit te faire injure.
Ton cœur ne peut être inconstant :
Il est vrai comme la nature.

Tous les trésors de la beauté
Bientôt vont être mon partage.
Déjà, l'aimable volupté
Sous mes yeux en trace l'image.

Déja, parés de tes couleurs,
Les Plaisirs tressent ta couronne,
Et les Jeux, courbés sous des fleurs,
S'avancent pour former ton trône.

La nuit enfin chasse le jour;
Je t'attends : viens donc, ma Maîtresse,
Jurer au Temple de l'Amour
Que tu partages ma tendresse.

MA PHILOSOPHIE.

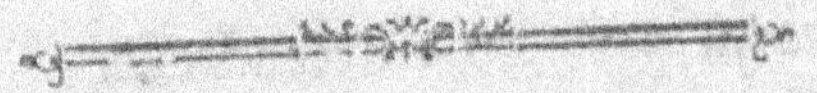

Licas, tu veux que je te dise
Ce qu'il nous faut pour vivre heureux.
Chacun sur ce sujet pense, & parle à sa guise :
Chacun fait bien, s'il peut remplir ses vœux.
Un tant soit peu de renommée,
De la santé, de la gaîté, du bien,
Sont le principe, & le soutien
De la félicité dont mon ame est charmée.
Moins pour les autres que pour nous,
Quelque talent est assez nécessaire,
Dût-il même armer les jaloux.
Il nous faut un Ami : je le voudrois sincère,
Toujours sensible, & quelquefois sévère.
Voici mon dernier point, & le plus important :
Seroit-il sans l'Amour des plaisirs dans la vie ?
Non, jusqu'à l'amitié, tout languit trop souvent

Si l'Amour n'eſt de la partie.
Non, non, point de bonheur ſans une tendre Amie.
Si, par haſard, elle eſt jeune & jolie,
Le mal ne ſera pas bien grand.
Je lui pardonnerois encore
De l'eſprit, le don d'amuſer.
Quand on ſe voit, & qu'on s'adore,
On a beau faire; il faut cauſer.

LES PLAISIRS DE TOUS LES AGES.

Amour, que j'aime ta puissance !
Que par toi ma vie eut d'attraits !
C'est encor sentir tes bienfaits
Que t'offrir sa reconnoissance.

Autrefois, au sein des desirs,
Et du délire où tu nous plonges,
J'étois bercé par d'heureux songes,
Et réveillé par les plaisirs.

Souvent, plein d'une folle ivresse,
Je croyois plaire à vingt Beautés ;
J'ai mieux senti les voluptés
Avec une seule Maîtresse.

Mais envain, par son vol léger,
Le temps veut m'éloigner des Belles;
Ne pouvant arrêter ses ailes,
Je sais l'art de les diriger.

Sans regrets, du moins sans envie,
Oui je vois de jeunes Amans
Comme un père voit ses enfans,
Quoiqu'ils le chassent de la vie.

Je peins leurs tendres sentimens,
Leurs plaisirs, leur charmant langage.
Je dus d'heureux jours au bel âge;
Je goûte encor d'heureux momens.

Amour, je n'ai point à me plaindre:
Ma vie a coulé sans langueur.
Il est donc un terme au bonheur!
Amour, j'y touche sans le craindre.

L'AMANT GÉNÉREUX.

On t'accuse d'être volage,
De changer tous les jours d'amant.
Mais je veux te venger, Zulmis, de cet outrage ;
Daigne m'écouter un moment.
Je veux te couronner d'une palme immortelle.
Ce soir récompense mon zèle,
Et dans tes bras je mourrai de plaisir.
Jusques à mon dernier soupir
Ainsi tu me seras fidèle.

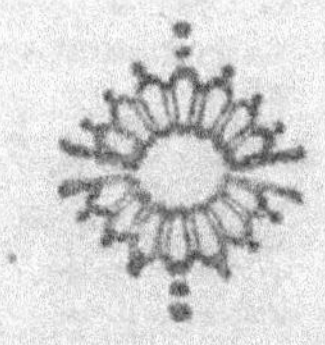

L'AGE D'AIMER.

On m'a bien dit, mais vainement,
Qu'il est fou d'aimer à mon âge.
Moi je pense différemment ;
Dès que je suis aimé, j'ose me croire sage.
Avant de déclarer mes feux
Je lis mon âge dans les yeux
De celle que mon cœur adore.
A vingt ans, s'il déplaît, l'amant est déjà vieux :
Tant qu'il plaît, il est jeune encore.

LA FORCE DE L'EXEMPLE.

Ah que ces Bergers font heureux !
Vois-les, occupés de fe plaire,
Se chercher, s'aimer fans myſtère,
Et mêler l'amour dans leurs jeux.
Vois-tu, Zélis, cette Bergère,
Avec un bandeau fur les yeux,
Au milieu d'un cercle nombreux,
Courir, voler fur la fougère ?
Auſſi prompte que le Zéphir,
Et fe déployant avec grâce,
Par inſtinct elle va faifir
L'objet de fon tendre defir ;
Et l'heureux Berger prend fa place.
Zélis, regarde un peu plus bas
Ce charmant groupe dans fes pas
Suivre une cadence parfaite,

Se regarder, s'entrelacer,
Se fuir, se joindre, s'embrasser,
Au son d'une douce musette.
Que vois-je? Au bord de ce ruisseau,
Lise prépare une couronne
Que sa foible main abandonne
Au plus beau Berger du hameau !
Mais comment donc leur badinage
Peut-il exciter nos soupirs ?
Zélis, allons dans ce bocage
Nous occuper de leurs plaisirs.

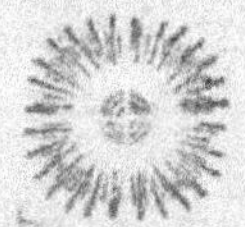

LES REGRETS DE L'ABSENCE.

DE ta cruelle absence
Quand verrai-je la fin ?
Chaque jour l'espérance
Naît, & meurt dans mon sein.
Loin de l'objet qu'on aime
Le jour paroît, hélas !
D'une longueur extrême;
La nuit ne finit pas.

TON CHIEN, toujours fidèle,
Et prompt à m'obéir,
Paroît quand je l'appelle;
Il fait mon seul plaisir.
Partageant mon délire,
Il te cherche avec moi;
Il revient, & soupire
De me revoir sans toi.

De mille & mille charmes
Viens embellir ces lieux;
Reviens sécher les larmes
Qui coulent de mes yeux.
Hélas! que peut-on faire,
Et dire un feul moment,
Ou loin de fa Bergère,
Ou loin de fon Amant?

LE COMPTE RENDU.

A MADAME DE ***.

Qui avoit demandé une loge de six places à l'Opéra, & qui craignoit de n'en pas avoir.

Vous en qui la beauté s'allie
A l'esprit qui la multiplie,
Aux sons enchanteurs de la voix ;
Vous qu'on adore ou qu'on envie ;
Vous qui par-tout donnez des loix ;
Sur le temple de l'Harmonie,
Pourriez-vous douter de vos droits ?
A quoi bon vous dire les places
Qu'on y destine à votre Cour ?
Vénus va-t-elle sans les Grâces,
Sans Mars, & sur-tout sans l'Amour ?

LA NIMPHE

LA NIMPHE INCONNUE.

Il est arrivé dans ces lieux
    Une Nimphe étrangère.
Si j'en crois mon cœur, & mes yeux,
    Elle vient de Cithère.
Près d'elle j'ai vu mille Amans
    Conduits par la folie,
Et répétant à tous momens :
    Qu'elle est belle & jolie !

Son pied sur les gazons fleuris
    Marque à peine ses traces.
Le regard est toujours surpris
    De ses nouvelles grâces.
A son éclat, à sa blancheur,
    Sur-tout à son sourire,
On croit qu'elle tient sa fraîcheur
    Des baisers de Zephire.

G

L'AUTRE JOUR j'entendis chanter
    Dans le prochain bocage ;
Je m'approchai pour écouter,
    Caché par le feuillage.
C'étoit elle : je l'apperçus ;
    Mais je ne pourrois rendre
Ce que j'aimois alors le plus,
    Ou de voir, ou d'entendre.

VOLONS, amis, à ses genoux ;
    Portons-lui notre hommage.
Pour que vous la connoissiez tous,
    J'achève son image :
Sans cesse le Plaisir la suit ;
    La Gaîté la devance ;
Mais l'Amour près d'elle gémit
    D'être sans l'Espérance.

L'ESPÉRANCE, ET LE PLAISIR.

LISE, que mon trouble est extrême !
Quoi, tu m'ordonnes de chanter !
Quand je t'ai dit cent fois, je t'aime,
Je ne sais que le répéter.
D'autres que moi sauront peut-être
Louer tes appas tour à tour ;
Mais tu ne peux mieux les connoître
Que par l'excès de mon amour.

COURONNE bientôt ma constance :
Rends enfin le calme à mon cœur.
Accorde à mon impatience
Le droit de chanter le bonheur.
Si tu veux animer ma lyre,
Tourne sur moi tes jolis yeux ;
J'attends un regard qui m'inspire,
Un autre qui me rende heureux.

G ij

AH , qu'une espérance nouvelle
A d'attraits pour un tendre amant !
Lise , que tu me parois belle !
Que ce jour me paroît charmant !
Qu'elle est douce la récompense
Que tu promets à mon desir !
Je sens que mon bonheur commence :
Espérer , c'est déjà jouir.

PAREZ cette verte fougère ;
Naissez , brillantes fleurs , naissez.
Formez un trône à ma Bergère.
Voiles jaloux , disparoissez.
Chantez , oiseaux de ce bocage ;
Mêlez vos sons à nos soupirs.
Amour , jouis de ton ouvrage ;
J'apprends à chanter tes plaisirs.

LES CHOIX RÉUNIS.

A MADAME DE ***.

Si j'étois Roi, je voudrois que la Reine
Fût un modèle de Beauté,
Et qu'à son air de Majesté,
Chacun dît : La voilà. C'est notre Souveraine.

Ami, dans un ami j'exige beaucoup plus :
Je le veux franc, discret, constant, doux & sévère.
Je veux que son esprit m'éclaire,
Et rende aimables ses vertus.

Berger, je choisirois une tendre Bergère,
Svelte, vive, enjouée, & jalouse de plaire,
Qui, pour l'éclat de ses couleurs,
Ne devant rien qu'à la Nature,

G iij

M'offrît la rivale des fleurs
Qui formeroient son trône, & sa parure.

COMME il en fut jadis, si j'étois à la fois
Berger, Monarque, Ami; mon cœur, belle Glicère,
Pour remplir tous ces vœux ne feroit qu'un seul choix·
Ah, qu'il seroit facile à faire !

CONTES.

CONTES.

LE SAGE AMOUREUX.

Est-ce exister que vivre sans tendresse?
Ah, qu'on doit plaindre la sagesse
Qui s'effarouche de l'amour !
Pope lui-même , tour à tour ,
Sondoit le cœur humain, encensoit sa Maîtresse.
Un jour qu'il s'occupoit à chanter ses attraits,
Elle arrive: il la voit plus belle que jamais ;
Plus belle , quoique plus parée.
Une nouvelle croix voltigeoit sur son sein.
Ah! sur ce sein , dit Pope , en y portant la main ,
Un Juif même l'eût adorée !

LE SAGE ÉTOURDI.

Au balcon de la Comédie
Etoit un homme à manteau noir.
Un Mousquetaire arrive, & , sans cérémonie,
Lui dit de se ranger, & de le laisser voir.
Savez-vous que je suis, Monsieur le téméraire,
Un Conseiller du Roi, lui dit l'homme en colère?
Je l'ignorois, & j'en suis très-joyeux,
Lui répartit le Mousquetaire:
Mais rangez-vous, & conseillez-le mieux.

LE BON CITOYEN.

Un Evêque, dans sa tournée,
A l'imprévu chez un Curé
Arrive, & le trouve entouré
De six marmots près de la cheminée.
Monsieur, dit-il, à qui sont ces enfans
Qui meublent votre presbytère?
Monseigneur, ce sont mes parens;
Ce sont… les neveux de mon frère.

LA PERTE IRRÉPARABLE.

Mondor, si renommé parmi les Ennuyeux,
Ayant perdu sa trop heureuse femme,
Alloit larmoyer en tous lieux,
Et raconter les vertus de la Dame.
Se trouvant chez un grand Seigneur,
Homme d'État, mais plaisant & caustique,
Il crut pouvoir ouvrir son cœur,
Parla de sa moitié, fit son panégyrique
Dont souvent bailla l'Auditeur.
Combien elle étoit adorable !
Et combien elle m'adoroit !
Ah ! reprit le Duc à ce trait,
Votre perte est irréparable.

LA REVANCHE.

L'AIMABLE ÉGLÉ, jeune, belle, & jolie,
Avoit, adoroit un Amant
Fort jaloux, & qui cependant
Se passoit mainte fantaisie.
Mais l'exemple est contagieux;
Un Chevalier de Malthe un jour plut à la Belle.
D'un inconstant, vengeons-nous, se dit-elle,
Et le Chevalier fut heureux.
L'amant le sait, arrive, fait tapage :
Elle laisse exhaler sa rage.
Les hommes sont bien singuliers,
Monsieur, dit-elle enfin, & vos plaintes nouvelles.
N'a-t-on pas fait ces Chevaliers
Pour nous venger des infidèles ?

L'ATTENTION RÉCOMPENSÉE.

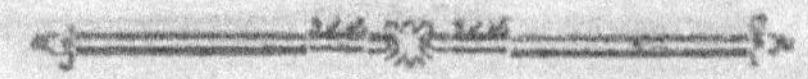

DAMON, qui, s'occupant de plaire,
N'a lu ni François, ni Latin,
Est nommé Bibliothécaire
Par le Prince son Souverain.
Il court aussitôt en instruire
Un parent homme de grand nom,
Qui lui dit : belle occasion,
Mon cousin, pour apprendre à lire !

L'AMBITIEUX.

ALCIDAMAS, près de Damis,
Voyant l'ambitieux Jodelle
Prosterné dans une Chapelle,
Comme il l'est si souvent chez un premier Commis ;
Ami, dit-il, regarde un peu de grâce ;
Jodelle est aujourd'hui dans la dévotion.
Lui dévot, reprit Damis, bon !
Il prend Dieu pour un homme en place.

LE GOUTTEUX.

Dorimon, homme de naiſſance,
Par la goutte fort tourmenté,
A la guerre ſouffroit avec impatience,
Et ſur la paille étoit triſtement alité.
Paſſe un jeune Seigneur de nouvelle fabrique,
Qui s'approche de lui comme de ſon égal,
Rit de ſes maux, le plaiſante, le pique,
Et lui dit d'un ton jovial :
Job deſſus ſon fumier, & vous ſur votre paille,
Ce n'eſt ma foi qu'un aujourd'hui.
Oui, dit Dorimon, comme lui
Je ſuis raillé par la canaille.

LA FEMME

LA FEMME DE PRÉCAUTION.

UNE DAME de haut parage
Avoit toujours plufieurs amans.
C'eſt la mode, dit-on : reſpectons cet uſage.
D'ailleurs c'eſt un moyen très-ſage
Pour ne ſe voir jamais dupe des inconſtans.
Un jour notre belle Ducheſſe
A deux de ſes amans galamment écrivit
De venir partager l'excès de ſa tendreſſe,
L'un à ſouper, & l'autre vers minuit :
A ſes deſirs tous deux ſe conformèrent.
Mais par un effet du haſard,
En arrivant, ou trop tôt, ou trop tard,
A la porte ils ſe rencontrèrent.
Loin d'imiter ces Chevaliers fameux
Qui combattoient pour leur Maîtreſſe,
Pour leur beauté, pour leur ſageſſe,
La confidence faite entre eux,

H

Entrons, se dirent-ils, tous deux.

Ils frappent à la porte : on ouvre.

Le Suisse leur répond que Madame est au Louvre,

Mais qu'on l'attend à tout moment.

Montez, Messieurs, à son appartement.

Ils montent, font une partie

Qu'interrompoit mainte saillie

Sur ce plaisant événement.

Ah, disoient-ils, en nous voyant,

Elle sera confuse, anéantie.

Deux heures sonnent, & déjà

Nos Galans s'ennuyoient d'une si longue attente;

La Dame arrive, & dit, mais que faites-vous là ?

Ce que nous faisons, nous? La demande est charmante;

Nous jouons à qui vous aura.

Vous prenez, repart-elle, une inutile peine :

Ce sera Lindor que j'amène.

IL NE FAUT PAS TOUT DIRE.

UNE FEMME d'esprit, & d'un goût fort vanté,
Avoit fait imprimer l'histoire de sa vie,
        Et tiroit sur-tout vanité
        D'avoir, c'étoit là sa manie,
    En tous ses points rendu la vérité.
Oui, lui dit un ami, sans doute on doit vous croire :
        Mais n'avez-vous pas prudemment
        Mis de côté le dénouement
        De plus d'une galante histoire ?
        Convenez du fait entre nous.
        Allons, cela n'est-il pas juste ?
        Ah, reprit-elle sans courroux,
        Je ne me suis peinte qu'en buste.

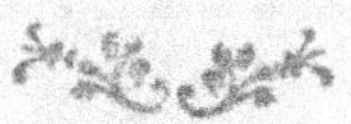

H ij

LE MOMENT PERDU.

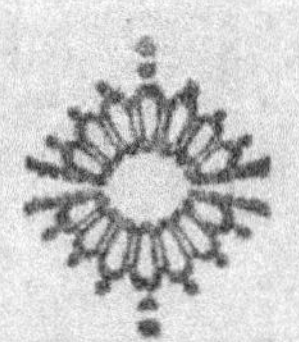

LINDOR, moins adroit que sincère,

Loin de saisir le moment du bonheur,

Etoit paisiblement aux genoux de Glicère

Qui ne défendoit plus son cœur.

Jurons-nous, disoit-il, une ardeur éternelle.

Si l'un de nous cesse d'être fidelle,

Que le Ciel puisse le punir.

Quel serment, repartit la Belle !

Levez-vous, & fuyez, vous me faites frémir.

LA PRÉSENCE D'ESPRIT.

Damis sans témoin, & sans bruit,
Avec le secours d'une échelle
Arrivoit hier vers minuit
A la fenêtre de sa Belle,
Quand tout à coup paroît un vieux Tuteur jaloux.
Que veux-tu, dit l'Argus? Parle, ou ta mort certaine.
Monsieur, de grâce, calmez-vous,
Reprit Damis, je me promène.

LE FAT PUNI.

CERTAIN SEIGNEUR, grand diseur de sornettes,
Cajoloit tour à tour sans dessein & sans choix,
La femme la plus laide, & le joli minois.
    Par habitude il leur contoit fleurettes.
    Un beau matin assis auprès du lit
        De Cephise, à qui la Nature
        Avoit donné forte mesure
        De laideur ainsi que d'esprit,
        Il osoit, suivant son usage,
        Lui tenir maints propos galans,
Et, pour la forme encore, unir à son langage
        Gestes assez intéressans;
Quand Cephise lui dit, quelle est cette folie?
        Prenez garde à vous, je vous prie;
        Ou finissez, ou je me rends.

L'ABBÉ JUSTIFIÉ.

Un Abbé, d'un Evêque imploroit le suffrage
    Pour obtenir un Prieuré.
    Deux seuls mots à mon avantage,
Disoit-il, Monseigneur, & bientôt je l'aurai.
    Monsieur, reprit l'Evêque avec surprise,
    Qu'osez-vous donc demander à l'Eglise ?
    Pour avoir part à ses bienfaits,
    Il faut mener une autre vie.
Le cotillon a pour vous trop d'attraits. -
    Monseigneur, quelle calomnie !
Je voudrois, moi, qu'on n'en portât jamais.

L'ÉPOUX RAISONNABLE.

Jaloux du nom d'homme à bonne fortune,
Eurilas, hier sur la brune,
Chez la laide Cloris arrive en rendez-vous.
Il entre, & se hâte, à genoux,
De s'assurer de sa conquête.
Mais par hasard survient l'époux,
Et son aspect trouble la fête.
Voilà mon Eurilas d'un froid mortel atteint.
Comment, lui dit l'époux en regagnant la porte,
Avec ma femme en agir de la sorte !
Ah, malheureux, qui t'y contraint ?

LA CONFIANCE
EN LA PROVIDENCE.

Un Chasseur, à l'affût sous un épais ormeau,
Attendoit sa proie en silence;
Lorsque, donnant le bras à la belle Isabeau,
Lisis paroît, & sous l'arbre s'avance.
La solitude, & la chaleur du jour,
Et mieux encor les conseils de l'amour,
Tout à s'arrêter les invite.
Sur la mousse nouvelle ils se laissent tomber;
Ah qu'il est doux de succomber
Au desir que l'amour excite!
Alors ces fortunés amans
Ignorant les grands mots qu'inventa l'imposture,
Se peignent à l'envi leurs tendres sentimens,
Comme le prescrit la Nature.
Plus d'une fois, dit-on, le Chasseur curieux
Vit leur bonheur avec envie;

Et c'est-là le sort de la vie.

Au gré de tout le monde est-on jamais heureux?

Cependant la jeune Bergère,

Se sentant agiter d'un scrupule tardif,

Disoit d'un ton tendre & naïf:

Qui nourriroit l'enfant si je devenois mère?

Vas, dit Lisis avec chaleur,

Vas, celui qui voit tout en fera son affaire.

Et non parbleu, s'écria le Chasseur;

J'ai bien assez de ceux dont je suis père.

ADÈLE

DE PONTHIEU,

TRAGÉDIE LYRIQUE,

EN CINQ ACTES.

*Représentée en trois Actes par l'Académie Royale de
Musique, pour la première fois, le Mardi premier
Décembre 1772, qu'on va redonner en cinq.*

AVANT-PROPOS.

LE DESIR de voir fur la Scène la pompe, & les ufages refpectables de la Chevalerie, fans aucun mélange fabuleux, a fait naître l'idée de cet Opéra. Pourquoi le Théâtre Lyrique, où tous les Arts agréables s'appellent & fe réuniffent pour enchanter l'imagination & les fens, amufer l'efprit, intéreffer même le cœur, ne feroit-il pas auffi quelquefois l'Ecole des mœurs & de la raifon?

On a voulu rappeler ces jours où la foibleffe, & la vertu offenfées voyoient accourir de toutes parts une foule de Héros jaloux de les défendre, & de les venger; où les noms d'honneur & de patrie alloient retentir dans tous les cœurs des Chevaliers, & de ceux qui prétendoient à le devenir; où les Souverains les plus puiffans croyoient moins honorer les Chevaliers que s'honorer eux-mêmes en partageant ce glorieux titre avec eux.

On a voulu rappeler ces jours, peut-être trop oubliés, où les premières instructions données à la jeune noblesse, étoient des leçons d'amour & de respect pour les Dames.

Si on a osé se livrer à quelque espérance sur le succès de cet Ouvrage, c'est au choix du sujet qu'elle doit être principalement attribuée. En effet remettre les temps de la Chevalerie sous les yeux des François, c'est leur retracer leur attachement à leurs devoirs, à leur Souverain, à la patrie; c'est intéresser une Nation aussi généreuse que guerrière, par l'image de ses triomphes, & la Nation la plus aimable, par le tableau de cette galanterie héroïque qui l'a toujours caractérisée.

On fait armer un Chevalier par des Dames ; comment négliger un moyen auſſi
ſûr d'orner & d'embellir la Scène ? On ne
s'eſt cependant écarté en rien de la vérité :
Lorſque cette cérémonie ſe faiſoit loin du
tumulte des armes, rien de ce qui pouvoit
la rendre plus brillante, & plus auguſte,
n'étoit négligé. Quoi de mieux pour remplir ces vues, & pour attacher inviolable-
ment les Chevaliers à leurs ſermens, que
la préſence de la Beauté & des Grâces,
objets de leur hommage & de leur véné-
ration, que la préſence d'un ſexe enchanteur qui ne permettoit l'eſpérance de lui
plaire, qu'à la valeur, à la gloire, à la fran-
chiſe, & à l'humanité réunies ? Auſſi les
Dames aſſiſtoient-elles à la réception des
Chevaliers, dès qu'il étoit poſſible de les y
admettre, & ſouvent ils étoient armés de
leurs mains.

M. de Sainte-Palaie, dans ſon Ouvrage

intéreſſant ſur la Chevalerie, & les Auteurs qu'il cite, en ſont les garans.

Nota. On a cru devoir étendre cet Opéra, actuellement en cinq Actes, au lieu de trois, pour offrir en action ce qui n'étoit qu'en récit, & l'heureux ſuccès qu'il a eu dans ſa nouveauté n'a été pour les Auteurs qu'une obligation de corriger, ou de changer tout ce qui a paru attirer la critique du Public.

La Muſique eſt de M. DE LA BORDE, Fermier-Général, & de M. BERTON, Maître de Muſique de Sa Majeſté, & Adminiſtrateur-Général en ſurvivance & en exercice, de l'Académie Royale de Muſique.

PROLOGUE

PROLOGUE

Qui n'a point été mis en Musique.

PERSONNAGES

CHANTANS OU DANSANS

DU PROLOGUE.

LA GLOIRE.
L'AMOUR.
SUIVANS DE LA GLOIRE.
GRACES.
JEUX.
PLAISIRS.

PROLOGUE.

Le Théâtre repréfente le Temple de la Gloire.
Elle eft fur un Trône au fond de ce Temple.

SCÈNE PREMIÈRE.

LA GLOIRE, SUIVANS DE LA GLOIRE.

Chœur *des Suivans de la Gloire.*

Déesse, que nous adorons,
O gloire, reçois notre hommage.
Le feu de tes divins rayons
Enflamme, & guide le courage.

I ij

Tu fais la félicité
Des mortels qui te sont fidèles,
Et tu les portes sur tes ailes
A l'Immortalité.

Les Suivans de la Gloire viennent lui rendre hom-
mage en portant des   trophées au pied de son
trône.

LA GLOIRE.

L'Amour bientôt par sa présence
Embellira ces lieux.
Il faut rappeler à nos yeux
L'heureux temps où notre alliance
Donnoit plus d'ardeur à ses feux,
Et plus d'attraits à ma puissance.

SCÈNE II.

LA GLOIRE, L'AMOUR, LES GRACES, LES JEUX, LES PLAISIRS, SUIVANS DE LA GLOIRE.

L'AMOUR.

Que ce moment m'est cher! enfin je vous revois.

LA GLOIRE.

Mon bonheur en ce jour égale au moins le vôtre.

L'AMOUR.

Serions-nous jamais l'un sans l'autre,
Si le Ciel m'eût laissé le maître de mon choix?

LES GRACES, LES JEUX, LES PLAISIRS, *entrent au commencement de l'air suivant.*

Accourez, volez sur mes traces,
Plaisirs, & Jeux.
Enchaînez vous avec les Grâces
Par les plus doux nœuds.

Commençons cette aimable Fête

En célébrant la Gloire , & ses bienfaits.

Je lui dus plus d'une conquête ;

Rendons hommage à ses attraits.

DANSE DES GRACES, DES JEUX, ET DES PLAISIRS,

qui rendent hommage à la Gloire.

LA GLOIRE.

Empressons-nous de faire usage

D'un jour si cher à notre cœur.

C'est jouir encor du bonheur

Que de s'en retracer l'image.

L'AMOUR.

Mais , hélas , en nous séparant ,

Que le Ciel a rendu notre sort différent !

On vous adore , & l'on m'oublie.

LA GLOIRE.

Puisse un jour le destin favorable à nos vœux

Renouveler l'empire heureux

De notre union si chérie !

L'AMOUR ET LA GLOIRE.

Que mes triomphes étoient doux
Lorsque je les tenois de vous !

LA GLOIRE.

On ne perd jamais la mémoire
Des plaisirs qu'on dut à l'Amour.

L'AMOUR.

On se ressouvient chaque jour
Des lauriers donnés par la gloire.

ENSEMBLE.

Que mes triomphes étoient doux
Lorsque je les tenois de vous !

L'AMOUR.

Du sein de la nuit éternelle,
Rappelons la charmante Adèle ;
Rappelons le Héros qui mérita son cœur.
Que tour à tour ils offrent le modèle
De la tendresse, & de l'honneur.

LA GLOIRE à ses Suivans.

Hâtez-vous d'obtenir une double couronne.
Servez, remplissez mes desirs.

I iv

L'Amour.

Jeux rians, aimables Plaisirs,
Obéissez quand la Gloire l'ordonne.

Danse des Suivans de la Gloire qui rendent hom-
mage à l'Amour. Danse des Grâces, des Jeux, des
Plaisirs, & des Suivans de la Gloire, qui se témoi-
gnent leur joie de se voir réunis. Les Jeux, & les
Plaisirs offrent des guirlandes de fleurs aux Suivans
de la Gloire qui s'en parent avec transport, & en-
suite, par leur danse noble & fière, témoignent plus
d'ardeur pour les combats.

La Gloire, l'Amour.

Que la Gloire & l'Amour animent vos concerts;
Que leurs noms réunis éclatent dans les airs.

Chantez la mémoire si chère

Des jours où la Beauté couronnoit à la fois

L'appui des Souverains, l'Amant digne de plaire,

Et le défenseur de ses droits.

Chœur général

Que la Gloire & l'Amour animent nos concerts;

Que leurs noms réunis éclatent dans les airs.

Chantons la mémoire si chère

Des jours où la Beauté couronnoit à la fois

L'appui des Souverains, l'Amant digne de plaire,

Et le défenseur de ses droits.

Sur les vingt dernières mesures du Chœur, les Jeux, & les Plaisirs prennent chacun un des Suivans de la Gloire, forment ainsi une danse vive, & quittent avec eux la Scène, précédés par les Gráces qui suivent la Gloire & l'Amour.

FIN DU PROLOGUE.

ADÈLE
DE PONTHIEU,

TRAGÉDIE LYRIQUE.

PERSONNAGES

CHANTANS, OU DANSANS.

GUILLAUME, Comte de Ponthieu , *M. Larrivée.*
ADÈLE, .. Fille du Comte , *Mlle Arnould.*
ALPHONSE D'EST , Chevalier Italien , *M. Gelin.*
RAIMOND DE MAYENNE , Parent du Comte,
    & simple Ecuyer ,   *M. Legros.*
JUGES DU CAMP.
UNE DAME DE LA COUR.
UN BERGER.
UNE BERGÈRE.
DAMES DE LA COUR.
CHEVALIERS.
ÉCUYERS.
PAGES.
ROI D'ARMES.
HÉRAULTS.
OFFICIERS DES LICES.
MÉNÉTRIERS.
PEUPLE.
BERGERS, BERGÈRES.
JONGLEURS, JONGLEUSES.
PASTRES.

Le Costume est celui du treizième siècle.

Regarde et Chéris ton vengeur.

ADELE DE PONTHIEU,
TRAGÉDIE LYRIQUE.

ACTE PREMIER.

Le Théâtre représente un jardin très-orné, & , dans le fond, plusieurs terrasses l'une sur l'autre.

SCENE PREMIERE.

ADELE.

Inflexible devoir, je cède à ta rigueur.
Mais que ton empire est sévère !

C'est vainement que l'on espère
Conserver sous tes loix le repos de son cœur.

ON me ravit à ce que j'aime !
On me contraint à promettre ma foi !
Et, sans prévoir des maux qui me glacent d'effroi,
C'est un père adoré qui m'immole lui-même.

INFLEXIBLE devoir, je cède à ta rigueur.
Mais que ton empire est sévère !
C'est vainement que l'on espère
Conserver sous tes loix le repos de son cœur.

SCENE II.

ADELE, RAIMOND.

RAIMOND.

Quoi, je vous perds, charmante Adèle!

ADELE.

Laissez-moi seule à mes malheurs.
Voulez-vous donc par vos douleurs
Rendre ma peine plus cruelle?

RAIMOND.

Alphonse, dès ce jour, va vous donner des loix;
Il revient.....

ADELE.

Tout me désespère.
Un Etranger paroît, fier de quelques exploits,
Jaloux sans songer à me plaire,
Trop vain pour consulter mon choix;
Et c'est à vous, Raimond, à vous qu'on le préfère!

Animés par les mêmes feux

Dès l'aurore de notre vie,

Nous pensions qu'au gré de nos vœux,

L'Hymen uniroit ses nœuds

Aux nœuds du sang qui nous lie.

Eloignons, s'il se peut, un trop doux souvenir.

RAIMOND.

Un autre va donc obtenir

Cette main qu'à mon cœur l'amour rendit si chère,

Cette main qu'à mes vœux refusa votre père !

Sa haine pour le mien a dicté ses refus.

Mais nos feux mutuels ne lui sont pas connus;

Si vous aviez voulu par un aveu sincère ......

ADELE.

J'aurois encor sur vous attiré sa colère.

Séduit par ce qui flatte un cœur ambitieux,

Par les exploits, & la puissance

Dont Alphonse éblouit ses yeux,

Il m'impose le joug d'un Hymen odieux,

Et croit voir mon bonheur dans mon obéissance.

RAIMOND.

RAIMOND.

Nos maux peut-être auroient su l'attendrir.

ADELE.

Vous n'osez l'espérer, & je ne puis le croire.

RAIMOND.

Eh bien, conservez votre gloire;
Je vais loin de vos yeux soupirer & mourir.

ADELE.

Dans le fond de mon cœur je garde votre image;
    Que ce souvenir vous engage
A ménager des jours que vous m'aviez donnés.
Ils sont encore à moi ces jours infortunés,
    Et j'ose en ordonner l'usage.

MAIS, songez qu'aujourd'hui, l'honneur impérieux
Doit prescrire à l'amour un rigoureux silence.

RAIMOND.

Voici bientôt l'instant de nos derniers adieux.

ADELE.

Que n'est-il le témoin de votre indifférence!
    Mon cœur seroit moins malheureux.

K

RAIMOND.

Rien n'affoiblira ma conſtance.

Non rien ; ni le temps, ni l'abſence,

Ni même votre oubli, ſi je l'éprouve un jour.

Rien n'affoiblira ma conſtance.

L'Amant qui peut changer, n'a point connu l'amour.

ADELE.

Eh que fera votre conſtance ?

Cherchez le ſecours de l'abſence.

Puiſſiez-vous loin de moi vivre heureux quelque jour !

Eh ! que fera votre conſtance ?

Je dois vous fuir , hélas! & vaincre mon amour.

SCENE III.

ADELE, RAIMOND, LE COMTE, COUR
DU COMTE.

*(Le Comte de Ponthieu, & sa Suite, arrivent par
le côté gauche des terrasses qui sont au fond du
Théâtre).*

LE COMTE.

MA FILLE, à mes vœux tout conspire.
Ce jour ramène Alphonse, & vous donne un époux.
Voyez toute ma Cour qui vient auprès de vous,
Signaler des transports que votre Hymen inspire.

DANS ce jour, cher à mes desirs,
Tout m'intéresse, tout m'enchante,
Et l'avenir ne me présente
Que le bonheur, & les plaisirs.
On aime à voir la jeunesse,
Que l'Hymen & la tendresse

K ij

Vont combler de leurs douceurs,

Comme la jeune verdure

Qui promet à la nature

Un tribut charmant de fleurs.

(On danse).

LE CHŒUR.

Hymen, Amour, formez, embellissez la chaîne

De deux Epoux dignes de vos faveurs.

L'un fut toujours paré du laurier des vainqueurs ;

L'autre se soumet tous les cœurs,

Et triomphe toujours sans peine.

(On danse).

UNE DAME.

Ah! que deux amans sont heureux

De pouvoir avouer leurs feux !

Occupés de se plaire,

Toujours charmés, toujours charmans,

Ils se donnent tous leurs momens,

Et se les donnent sans mystère.

Ah ! que deux amans sont heureux

De pouvoir avouer leurs feux !

Chaque instant pour eux fait éclore
Un plaisir plus vif, plus flatteur;
Chaque jour la riante Aurore
Réveille avec eux le bonheur.

(On danse).

LE COMTE *(aux Dames)*.

Venez, jeunes Beautés, venez; je vous engage
Aux Fêtes que mes soins ont voulu préparer.
Quelles Fêtes sans vous pourroit-on célébrer?
C'est à vous qu'on en doit l'hommage,
Et c'est à vous à les parer.

(Il sort par le côté droit du Théâtre).

LE CHŒUR.

Volons; le plaisir nous appelle;
Hâtons-nous, volons après lui.
Faisons éclater aujourd'hui
Notre bonheur, & notre zèle.

(Toute la Cour du Comte le suit).

K iij

SCENE IV.

ADELE, RAIMOND.

ADELE.

C'EN est donc fait !

RAIMOND.

Quel moment pour nos cœurs!

ADELE.

L'Amour nous unissoit .....

RAIMOND.

Le destin nous sépare.

ENSEMBLE.

Nous pouvons , ô destin barbare !
Désormais braver tes rigueurs.

RAIMOND.

Pourquoi le Ciel nous est-il si contraire ?

ADELE.

Nos cœurs étoient faits pour s'aimer.

RAIMOND.

Que j'étois heureux de vous plaire !

ADELE.

Que je m'applaudissois d'avoir pu vous charmer !

RAIMOND.

Je vais, sur les pas de la gloire,

Combattre, & gémir tour à tour.

Que m'importera la victoire,

Si je ne puis offrir ses lauriers à l'Amour ?

ADELE.

Ah que cette gloire est cruelle !

Adieu.

RAIMOND.

Quoi, nous quitter !

ADELE.

Et pour ne plus nous voir.

RAIMOND.

Ne plus nous voir, hélas !

ADELE.

J'obéis au devoir.

Adieu Raimond.

K iv

RAIMOND.

Adieu, trop chère Adèle.

(Raimond s'éloigne par le côté gauche du théâtre ; Adèle reste immobile. Raimond, après s'être éloigné lentement, la regarde, revient, tombe à ses pieds, & lui baise la main. Dans ce moment, qui est suivi rapidement de l'éloignement précipité des deux amans par les deux côtés du théâtre, Alphonse paroît sur le haut de la terrasse la plus reculée, & du côté par lequel sort Raimond qu'il ne peut voir en face.

SCENE V.

ALPHONSE.

(sur le haut de la terrasse , & après un moment d'anéantissement).

O MALHEUREUX Alphonse ! ô Ciel ! ô désespoir !

(Il descend rapidement les terrasses , & regarde des deux côtés du théâtre).

Il m'évite ! .... elle fuit ! .... & j'ai vu mon injure !

    Mais quel mortel audacieux

    Etoit aux pieds de la parjure ?

    Ah , je les punirai tous deux.

    Perdons l'ingrate qui m'offense ;

Le Rival préféré , que poursuit ma vengeance ,

  Ne peut long-temps échapper à mes yeux.

    CEDONS au transport qui m'entraîne ;

    La pitié parleroit envain.

L'Amour trahi n'écoute que la haine;
Malheureux, & jaloux, il doit être inhumain.

Fin du premier Acte.

ACTE II.

*Le Théâtre repréſente un ſuperbe ſallon du Palais
du Comte de Ponthieu.*

SCENE PREMIERE.

ADELE, RAIMOND (*qui entrent par les
deux côtés du Théâtre*).

ADELE.

Raimond, quel deſſein vous arrête?
Qui vous retient dans ce ſéjour?

RAIMOND.

Ah! n'en accuſez pas un malheureux amour.
Au moment odieux où votre Hymen s'apprête,
Je quittois une ingrate Cour.
Alphonſe s'y préſente; un déſordre farouche
Vers le Prince étonné précipite ſes pas,
Et ſouvent votre nom échappe de leur bouche.

Adèle, ne pouvez-vous pas

M'apprendre le sujet de mes justes alarmes ?

ADELE.

Eloignez-vous ; partez.

RAIMOND.

Ah ! si j'en crois vos larmes,

Il est quelque nouveau malheur

Dont le sort cruel nous menace.

Parlez.

ADELE.

Je ne le puis.

RAIMOND.

O comble de disgrâce !

J'ai cru que vous m'aimiez ... étois-je dans l'erreur ?

ADELE.

Quoi ! vous pourriez douter ? ....

RAIMOND.

Pardonnez ; je m'égare.

Mais que prétend Alphonse ?

ADELE.

Le Barbare !

Quand je dévore ma douleur,

Quand d'un cruel Hymen je subis l'esclavage,

Il ne m'offre l'amour que sous l'affreuse image

De la haine, ou de la fureur.

Il m'ose accuser dans sa rage

D'une infidélité qui fait frémir mon cœur.

RAIMOND.

Il oseroit vous imputer un crime !

Je ne m'éloigne plus ; je dois vous secourir,

De l'Univers vous conserver l'estime,

Punir un perfide, ou périr.

ET si j'étois l'objet qui contre vous l'anime ?

ADELE.

Hélas !

RAIMOND.

Je vous entends. Ciel ! tu pourrois souffrir...

(*On entend l'annonce des Bergers qu'on doit*
marier, à l'occasion du mariage d'Adèle (1).

---

(1) On sait que, dans les siècles de la Chevalerie,
il ne se faisoit point de mariage parmi les Grands,

Mais ces tendres Bergers, que notre antique usage
Au jour de votre Hymen pour jamais doit unir ,
De leur félicité viennent vous faire hommage.
Il en est un du moins que je puis vous offrir.

(Il sort.)

---

sans qu'ils ne mariassent en même-temps plusieurs de
leurs sujets , ou de leurs vassaux.

SCENE II.

ADELE, CHEVALIERS, DAMES, BERGERS, BERGERES.

(Les Bergers & Bergères sont conduits par deux Chevaliers & deux Dames de la Cour nommés par le Comte de Ponthieu, pour présider à leur union, & qui les présentent à la Princesse, à qui ces futurs Epoux offrent des fruits & des fleurs).

UN BERGER, UNE BERGERE.

GOUTONS sans alarmes
Les charmes
Que dans ce beau jour
Nous offre l'Amour.
O douce tendresse
Sans cesse
Anime nos chants !

Que ton ivresse

Enchante nos sens !

(*On danse.*)

LE CHŒUR.

Goûtons, &c.

LE BERGER, LA BERGERE.

Honorons la charmante Adèle ;

Heureux, heureux l'Epoux

Qui s'unit avec elle !

Que ce jour a d'appas, & pour eux & pour nous !

LE CHŒUR.

Goûtons sans alarmes, &c.

LE BERGER, LA BERGERE.

De notre Souverain célébrons les faveurs.

Il veut que ce jour nous unisse ;

Heureux déjà par sa justice,

Nous lui devrons encor le bonheur de nos cœurs.

LE CHŒUR.

Goûtons sans alarmes, &c.

(Les Chevaliers conduisent successivement tous

les Bergers, & les Dames toutes les Bergères vers

le

le milieu de la Scène , où chacun de ces Amans est
uni à l'objet de sa tendresse).

LA BERGERE.

Profitez , jeunes Amans ,

Profitez de votre jeunesse.

Le plaisir vous cherche, & vous presse

De rendre vos beaux jours charmans.

On ne voit point de fleurs écloses

D'un éclat nouveau s'animer;

Il n'est qu'un moment pour les roses;

Il en est bien peu pour aimer.

(*On danse*).

LA BERGERE.

Dans nos doux asyles

Des plaisirs tranquiles

Préviennent nos vœux;

Que notre sort est heureux!

LE CHŒUR.

Dans nos, &c.

LA BERGERE.

Nous craignons peu la peine;

Le bonheur la suit ;
Et le temps nous ramène
Les biens qu'il nous ravit.

(Les trois portes du sallon s'ouvrent ; on voit une galerie richement décorée , où est le Comte de Ponthieu avec sa Cour).

SCENE III.

LE COMTE, SA SUITE, LES ACTEURS PRÉCÉDENS.

LE COMTE, (*à sa suite, & particulièrement à ses Ecuyers qui se placent aux portes de la galerie, qui restent ouvertes*).

Qu'on me laisse un moment seul avec la Princesse.
Eloignez-vous, Bergers ; vous saurez nos malheurs.
Ce jour, marqué pour l'alégresse,
Est un jour de sang & de pleurs.

(*Les Bergers sortent par un côté du théâtre*).

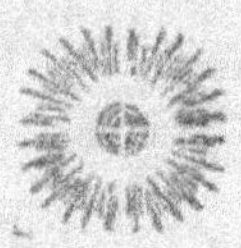

L ij

SCENE IV.

LE COMTE, ADELE.

LE COMTE.

Vous voyez ma douleur mortelle ;
Alphonse vous accuse, & soutient hautement
Que vous avez trahi ses feux, votre serment ;
Qu'envers l'honneur & lui vous êtes criminelle.

Dois-je donc maudire le jour
Qui t'a donnée à mon amour ?
Ah ! comment supporter la vie
Si tes jours me sont odieux,
Et, sous le poids de l'infamie,
Si je te vois gémir, & craindre tous les yeux?

ADELE.

J'aurois pu m'attirer votre juste colère !
Ah ! mon père, le croyez-vous?
Raimond.... voilà l'objet d'un mouvement jaloux.

Il étoit à mes pieds, je n'en fais point mystère;

Il partoit, il alloit pleurer loin de ces lieux

Les liens d'un Hymen à ses vœux si contraire,

Et m'offroit d'éternels adieux.

Alphonse l'apperçoit; il vole sur mes traces,

Et, toujours plus aigri, toujours plus emporté,

Unissant le crime aux menaces,

Il court, même à vos yeux, trahir la vérité.

Mon cœur vous fut soumis; voilà ma récompense.

LE COMTE.

Sans pitié, sans remords, il défie aujourd'hui

Tous ceux qui, prétendant prouver ton innocence,

Oseroient s'armer contre lui.

ADELE.

Reconnoissez l'orgueil, à cet excès d'outrage.

Alphonse, peu content d'être sûr de ma foi,

De ce cœur malheureux exigea davantage;

L'amour dépendoit-il de moi?

LE COMTE.

Un père au désespoir veut ne croire que toi.

ADELE.

Il le doit.

LE COMTE.

Il doit plus..... embraffer ta défenfe.

ADELE.

Plutôt vivre fans gloire, & mourir fans vengeance.

Est-ce à vous d'expofer vos jours

Pour défendre & fauver ma gloire?

Non, non, je ne veux point d'un fi cruel fecours.

Ah! vous verriez mes yeux fe fermer pour toujours

Avant votre victoire.

LE COMTE.

Comment douter de ta vertu,

Ma fille, en voyant ta tendreffe?

Je fens le remords qui me preffe

Ranimer mon cœur abbatu.

Non, le crime, fille chérie,

N'eut jamais de droits fur ton cœur.

Tu fis le bonheur de ma vie;

Tu dois en affurer l'honneur.

Adèle, tu n'es point coupable ;

Il faut revoir Alphonse, & calmer sa fureur.

ADELE.

Le Ciel punira l'imposteur ;

Il est juste, il m'est favorable.

(Elle s'éloigne).

LE COMTE.

Tremblez, tremblez, pères cruels.

Voyez des regrets éternels

Dans l'abus de votre puissance.

Le plus sensible des tourmens,

C'est le malheur de nos enfans,

Quand il n'est dû qu'à leur obéissance.

Fin du second Acte.

L iv

ACTE III.

(Le Théâtre représente un Peristile, &, dans le
fond, une façade du Palais).

SCENE PREMIERE.

ALPHONSE, DEUX ECUYERS.

ALPHONSE.   (*Ses deux*
Ecuyers restent au fond du théâtre).

QUEL JOUR vient m'éclairer sur un égarement
Que rien ne justifie ?
Puisse au moins l'erreur d'un moment
Assurer à l'honneur le reste de ma vie !

FUIS loin de moi, fatale jalousie,
Furie attachée aux amours.
Barbare ! c'est par toi que ma gloire est flétrie ;
Tu ne verseras plus tes poisons sur mes jours.

SCENE II.

ALPHONSE, ADELE, LES ECUYERS, DEUX
DAMES DE LA SUITE D'ADELE.

ALPHONSE.

J'OUTRAGEAI la vertu que je devois défendre,
    Et le remords me ramène à vos yeux.
        C'est assez vous faire comprendre
      Mes maux, mes regrets, & mes vœux.
Oserois-je espérer qu'oubliant mon offense…?

ADELE.

L'innocence aisément pardonne au repentir.

ALPHONSE.

Mais dois-je à ce pardon borner mon espérance?
Un plus tendre retour ne peut-il s'obtenir?

ADELE.

    Que dites-vous? Puis-je le croire?
    Vous demandez un plus tendre retour!

Vous osez me parler d'amour

Après avoir blessé ma gloire !

A L P H O N S E.

Que ne puis-je arracher cet amour malheureux

D'un cœur qu'il a rendu criminel & barbare !

O mort ! préviens le coup que mon bras me prépare.

A D E L E.

Vivez, pour expier le crime de vos feux.

A L P H O N S E.

Eh bien, je vais rougir aux yeux de votre père,

Des transports odieux d'un aveugle courroux.

Mais ne me privez pas de l'espoir de vous plaire,

Et venez aux autels me nommer votre époux.

A D E L E.

Il n'est plus temps, votre fureur extrême

M'a rendue à moi-même me :

Je ne dois jamais être à vous.

SCENE III.

ALPHONSE, LES ECUYERS.

ALPHONSE.

Envain ma fierté s'humilie;
Vengeance, sers mon désespoir!
Qu'ai-je dit? Quoi, mon cœur oublie
Ma gloire & mon devoir!

Sur un soupçon jaloux je trahis, & j'outrage
L'innocence, & la vérité!
Vertus, ô vous, qui fûtes mon partage,
Secondez le remords dans mon cœur agité.

Mais on me hait! voilà le premier crime.
Je vais le punir; je le doi.
Arrête, malheureux!…honneur, prends ta victime,
Et dispose enfin seul de moi.

AMOUR, Amour, tu m'as rendu perfide!
Tyran cruel, je repousse tes traits!
Suivons le remords qui me guide;
Il est quelque vertu dans l'aveu des forfaits.

NON, non : tu ne peux te défendre;
Amour, je n'entends plus ta voix.
L'honneur parle à mon ame, & lui donne des loix;
Il est vainqueur dès qu'il se fait entendre.

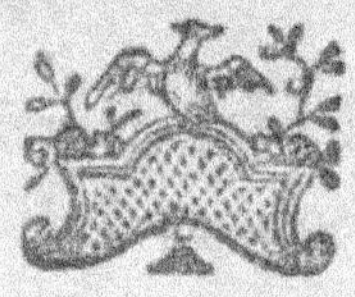

SCENE IV.

ALPHONSE, RAIMOND, LES ECUYERS.

(Raimond entre par le côté opposé à celui par lequel
Alphonse est prêt à sortir).

RAIMOND.

Enfin, parjure Chevalier,
Ce lieu vous offre à mon impatience!
Vous ne sauriez me fuir, ni vous justifier,
Quand vous accusez l'innocence.

ALPHONSE.

Et de quel droit ainsi, Raimond, me parles-tu?

RAIMOND.

De quel droit ! j'ai causé votre erreur criminelle,
Et le sang, dont je sors, m'unit avec Adèle.
Rendez publiquement hommage à sa vertu,
Ou mon bras va s'armer pour elle.

Le rang de Chevalier fut promis à mon zèle :

Je connois ses devoirs sacrés.

ALPHONSE.

Peut-être aussi vous me les apprendrez ?

RAIMOND.

Tout Chevalier doit avoir en partage

La bonté, l'honneur, l'équité ;

Protéger la vertu, défendre avec courage

Le foible, la patrie, & sur-tout la beauté.

VOUS reconnoissez-vous à ces traits ?

ALPHONSE (*la main sur son épée*).

Quel outrage !....

Mon rang doit-il toujours retenir mon courroux ?

Tu veux venger Adèle, ou du moins la défendre !

L'honneur est grand pour toi, quand tu braves mes coups ;

Mais un motif plus cher te porte à l'entreprendre.

RAIMOND.

En faut-il donc un autre pour mon cœur ?

Et quand un intérêt plus tendre,

Quand l'Amour même armeroit ma valeur ?

ALPHONSE.

Ah, si je le croyois!

RAIMOND.

Eh bien, j'adore Adèle.

Amant infortuné, mais vaillant & fidèle,

  J'espère au moins dans mon malheur

Obtenir l'heureux droit de prendre sa querelle,

  Et son aveu pour être son vengeur.

ALPHONSE.

Il l'aime!... il est aimé.

   (*Il jette son gant à Raimond qui le relève*).

(*à ses Ecuyers qui sont au fond du théâtre*).

  Qu'on ouvre la barrière.

RAIMOND.

Ciel! accorde à mes vœux une faveur entière.

ALPHONSE.

Mais deviens Chevalier pour t'armer contre moi.

  Si ton Prince, imploré par toi,

Te refusoit un rang, promis à ta vaillance,

Viens, & tu l'obtiendras; je t'en donne ma foi.

   (*Il lui présente sa main*).

RAIMOND (*saisissant vivement la main d'Alphonse*).

Je la reçois.

ALPHONSE.

Ainsi j'assure ma vengeance.

ALLONS, audacieux Guerrier ;
Armons-nous promptement ; que le combat commence.

RAIMOND.

Allons, perfide Chevalier ;
Je vais bientôt punir le crime & l'arrogance.

ALPHONSE.

Tremble, frémis de ton danger.

RAIMOND.

Frémissez de le partager.

ALPHONSE.

En te privant de la lumière,
Ce fer bientôt réglera notre sort.

RAIMOND.

Nous nous verrons dans la carrière ;
J'y conduirai la terreur, & la mort.

SCENE V.

SCENE V.

ALPHONSE, RAIMOND, JUGES DU CAMP, ROI D'ARMES, HÉRAULTS, OFFICIERS DES LICES, MÉNÉTRIERS, *qui font à leur tête avec des instrumens de guerre*, ÉCUYERS D'ALPHONSE.

(*Marche guerrière*).

(*Les Officiers des Lices figurent le combat avec la hache*). (1)

ALPHONSE.

Héraults, qu'on prépare la lice ;
Et vous, Juges de l'honneur,

---

(1) On pense qu'il seroit à propos de supprimer le ballet préparé pour cet Acte, quoiqu'il soit fondé sur l'histoire, puisque les Officiers des Lices formoient des danses figurées, & guerrières au moment de leur préparation. On pense que la beauté du Spectacle suffiroit ici à l'amusement des yeux, & qu'il n'y a pas à balancer entre l'usage de donner un ballet à chaque Acte, & la marche rapide de l'action.

M

Couronnez l'heureux vainqueur,

Et que le vaincu périsse.

LES JUGES.

Avant de vous rendre à la lice,

Songez que le Ciel vengeur

Lit au fond de notre cœur,

Et redoutez sa justice.

ALPHONSE, RAIMOND, ET LE CHŒUR.

Tambours, clairons,

Joignez vos sons

Aux sons brillans de la trompette.

Annoncez le combat, éclatez dans les airs;

Faites retentir vos concerts;

Que l'écho par-tout les répète.

(*Marche guerrière*).

SCENE VI.

RAIMOND.

J'OBTIENDRAI donc enfin ce rang si glorieux,
Le prix de la vertu, le prix de la vaillance !
Peut-être un prix plus cher pour mon cœur amoureux !
Mais éloignons une vaine espérance.
Combattons pour Adéle, immolons qui l'offense ;
Ce doit être assez pour mes vœux.

GLOIRE que j'implore,
Vole sur mes pas.
Soutiens, guide encore
Mon cœur, & mon bras.
Comble mon envie ;
Tu peux en ce jour
Illustrer ma vie,
Consoler l'amour.

Fin du troisième Acte.

M ij

ACTE IV.

(Le Théâtre repréfente une Salle ornée de toutes fortes d'armes).

SCENE PREMIERE.

RAIMOND, ADELE.

ADELE.

Il est donc vrai, Raimond, qu'Alphonfe encor m'outrage.
Que, malgré fa promeffe, il refufe un hommage
Qu'il dut rendre à la vérité.

RAIMOND.

Ce jour le punira de fa déloyauté.

Envain la fortune cruelle
M'a privé d'un bonheur, peut-être mérité ;
Je vais du moins, en dépit d'elle,

Signaler ma fidélité ,
Combattre, & vaincre pour Adèle.

ADELE.

Pour un combat fatal, dont vous savez les loix ,
Vous osez compter sur mon choix !

RAIMOND.

Et de qui donc, ô Ciel! lorsque Raimond vous aime,
Pourriez-vous accepter le bras ?

ADELE.

Voudrois-je vous jeter dans un péril extrême ?

RAIMOND.

Me parler de péril, c'est y guider mes pas.

ADELE.

Quelle en sera la récompense ?

RAIMOND.

Eh! pourquoi voulez-vous borner mon espérance ?

ADELE.

Ah! prenez pitié de mon sort.
Cruel! quelle est donc votre attente !
Quoi, vous voulez que je consente
Que vous braviez pour moi la mort !

Au nom de notre amour fidèle,

Cessez d'augmenter mes douleurs.

Vivez pour aimer votre Adèle;

Vivez pour essuyer mes pleurs.

RAIMOND.

Je réponds du destin, & vole à la victoire.

En servant dans cet heureux jour

Le devoir, Adèle, & l'amour,

Quelle félicité d'ajouter à ma gloire !

ADELE.

Eh bien, allez combattre, & vous serez Vainqueur.

RAIMOND.

J'accepte avec transport ce présage flatteur,

Mais votre père ici devoit se rendre.

ADELE.

Je vous laisse, & j'ose m'attendre

A vous devoir le jour, & mon bonheur.

SCENE II.

RAIMOND, LE COMTE, DES ECUYERS.

RAIMOND.

JE RÉCLAME votre promesse
Qu'obtinrent mes exploits contre vos ennemis.
Parmi les Chevaliers que Raimond soit admis;
Il doit seul venger la Princesse.
Pardonnez ce discours : Seigneur, il m'est permis,
Quand, pour prix de mon sang, aujourd'hui je n'implore
Que le droit, qui m'est dû, de le verser encore.
Je l'attends en sujet soumis.

LE COMTE.

J'applaudis à votre courage;
Mais c'est à moi de combattre aujourd'hui.
Ce bras, quoique affoibli par l'âge,
Peut encore à ma fille offrir un digne appui.

M iv

RAIMOND.

L'amour qu'elle vous doit, vos Sujets, leur tendresse,
Votre rang, tout s'oppose à ce noble courroux.

LE COMTE.

Pourriez-vous craindre ma foiblesse?
L'honneur, pour assurer mes coups,
Rallume dans mon sang le feu de la jeunesse.

RAIMOND.

Tant de lauriers honorent votre front!

LE COMTE.

Qu'ai-je fait, s'il me reste à gémir d'un affront?

RAIMOND.

C'est à moi de venger Adèle,
Quand un défi m'engage à combattre pour elle.

Laissez un soin si cher à de plus jeunes mains.
Loin d'être mon Rival, quand la gloire m'appelle,
Contentez-vous de servir ses desseins,
Et d'être à jamais mon modèle.

LE COMTE (*après quelques instans*
de réflexion).

Mais en bravant aujourd'hui le trepas,
J'expose un bien plus cher mille fois que ma vie...
Je veux venger une fille chérie.....
Si l'âge trahissoit mon bras ?.....
Combattez, cher Raimond ; ma juste confiance
N'a point à craindre de regrets.
Eh ! comment m'acquitter jamais ?...

RAIMOND.

Seigneur, déjà l'heure s'avance.
Armez mon bras pour la vengeance ;
C'est là le premier des bienfaits.

JE vais punir un perfide, un parjure.

LE COMTE.

Allez venger l'honneur & la nature.

RAIMOND.

Que ce jour est heureux pour moi !

ENSEMBLE.

Que le trépas, la honte plus cruelle,

Inspire une crainte éternelle

A qui voudroit trahir sa foi.

LE COMTE.

Que ma Cour en ces lieux s'empresse de paroître,

Et vous serez admis au rang des Chevaliers.

La gloire vous montra cent fois digne de l'être,

En vous couronnant de lauriers.

(Raimond sort).

SCENE III.

LE COMTE.

Ses exploits, sa jeune vaillance
M'assurent qu'il sera Vainqueur.
Il va punir une odieuse offense,
Consoler ma foiblesse, & finir mon malheur.
Mais si le sort trompoit mon espérance!…
J'aurois perdu le droit de servir l'innocence;
Ma fille gémiroit en proie au déshonneur;
Et je vivrois!…quels tourmens pour mon cœur!

Le sort envain peut me poursuivre;
Non je ne le redoute pas.
Si la douleur me laisse vivre,
Ma main hâtera mon trépas.

Ah! n'ai-je pas assez de mes peines cruelles?
Pourquoi, moi-même, les aigrir?
Pourquoi chercher des atteintes mortelles
Dans l'impénétrable avenir?

CHASSONS une crainte importune ;
Espérons encor d'heureux jours.
Comment redouter la fortune
Quand le Ciel nous doit son secours ?

MON cœur, dans une douce attente,
Aspire au moment du combat.
Bientôt la vertu triomphante
Va briller d'un nouvel éclat.

SCENE IV.

LE COMTE , RAIMOND , ADELE , COUR
DU COMTE.

(Des Ecuyers armés , & précédés des Dames de la
Cour , apportent au fond du Théâtre toutes les
pièces de l'armure d'un Chevalier).

(Danse des Dames).

CHŒUR DES DAMES *(environnant*
Adèle à son arrivée).

QUE ce spectacle vous rassure;
Adèle , on vous accuse envain.
Nous allons armer la main
Qui doit venger votre injure.
Unissons nos accens ,
Célébrons dans nos chants
La bonté , la vertu , la gloire & le courage.
Qui leur rend un sincère hommage ,
Se rend digne du même encens.

(Danse des Dames).

LE COMTE.

(à Raimond , après avoir pris de la main d'une Dame l'épée qui doit être remise au nouveau Chevalier).

Jurez de consacrer le cours de votre vie
A remplir les devoirs de la Chevalerie,
Ces devoirs dont l'oubli peut être si fatal.

RAIMOND.

(à genoux , & ayant mis vivement la main sur l'épée qui est dans la main du Comte).

Par le Ciel qui m'entend, par ce jour qui m'éclaire,
Je jure d'imiter, & le Prince & mon Père,
D'être franc, courageux, bienfaisant, & loyal.

(Le Comte pose trois fois l'épée sur le col de Raimond , & lui donne l'acolade. Les Dames apportent en dansant à Raimond les éperons dorés , & les lui placent en commençant par le gauche. Elles lui donnent successivement le casque , l'écu & la lance).

ADELE *(prenant une écharpe bleue & blanche qu'elle a sur elle , & la donnant à Raimond)*

Chevalier vaillant, & sensible ,

Recevez de ma main, & portez mes couleurs.

RAIMOND (*après avoir porté*
l'écharpe sur ses lèvres).

Comment ne pas être invincible
Quand vous me destinez à finir vos malheurs ?

(*Il place l'écharpe sur lui de l'épaule au côté*).

LE COMTE (*remettant l'épée à sa*
fille qui la donne à Raimond).

Remettez-lui ce fer.

RAIMOND, (*prenant l'épée*).

Que le crime frémisse ;
Ce fer sera votre vengeur.

LE COMTE (*à Adèle*).

C'est le glaive de la justice
Remis aux mains de la valeur.
Vas, le Ciel te promet une prompte vengeance.

RAIMOND.

Chevalier, & François, qu'aurois-je à redouter ?
Je vais servir la beauté qu'on offense :
Je vais secourir l'innocence,

Et la faire éclater.

Chevalier, & François, qu'aurois je à redouter?

LE COMTE *(à Raimond)*.

Rien ne vous retient plus; comblez notre espérance.

CHŒUR DES DAMES.

Volez à la voix de l'honneur;

Venez, couronné par la gloire,

Recevoir après la victoire

Un prix plus doux pour votre cœur.

Le Guerrier qui revient vainqueur,

Est charmant aux yeux d'une Belle;

Son triomphe se renouvelle

Dans le sein même du bonheur.

(Pendant le Chœur, Raimond s'approche d'Adèle, s'incline devant elle, & reprend le casque, l'écu, la lance qu'il avoit remis à ses Ecuyers. La principale Dame le prend par la main pour le conduire au combat. Toute la Cour le suit).

Fin du quatrième Acte.

ACTE V.

ACTE V.

Le Théâtre repréfente fur les devants un bois. Plus loin, & dans le milieu, eft une lice entourée de barrières, & terminée par une grande tente. Aux deux côtés de la lice font des loges, & des gradins décorés de riches tapis, couverts de draperies négligemment jetées dans les arbres, & ornés de pavillons, de bannières & d'écuffons, qui font ceux de douze Chevaliers qui fe font préfentés pour combattre en faveur d'Adèle; ceux de Guichard de Beaujeu, de Gaucher de Châtillon, de Matthieu de Montmorenci, de Hugues de Lufignan, d'Aimeri de Rochechouart, d'Alberic Clément, de Raoul de Couci, de Nicolas de Mailli, d'Adam de Melun, de Jean de Rouci, de Guillaume Desbarres, d'Archambauld de Perigord. En avant de la lice eft un gradin particulier deftiné pour la Princeffe. Le fond du Théâtre eft un côteau très-agrefte, & très-riant. Des Ecuyers armés viennent placer dans la lice des lances ornées des livrées des deux Combattans. Des Officiers des lices sont placés à l'entrée des barrières.

SCENE PREMIERE.

ADELE.

TRISTE & funeste incertitude,
Que vous irritez mon tourment !
Tout dans ce malheureux moment
Redouble mon inquiétude.

CRUELS apprêts ! terribles lieux !
Quel sang va couler à mes yeux ?
Sort fatal ! si Raimond remporte la victoire,
Je n'ose espérer d'être à lui.
S'il est vaincu, je perds tout aujourd'hui ;
Je perds mon Amant, & ma gloire.

SCÈNE II.

ADELE, LE COMTE.

LE COMTE.

VIENS dans les bras d'un père malheureux ;
Ma fille, attendons l'assistance
Que le Ciel doit donner au mortel généreux
Qui combattra pour l'innocence.

ADELE.

Ciel, mon cœur t'est connu ; veille pour ma défense.

LE COMTE.

Je voudrois calmer ta douleur.
Mais la mienne envain veut se taire ;
Et je crains autant que j'espère.

ADELE.

Vous craignez pour mon défenseur !
Quoi, je verrois percer son cœur !
Quoi ! je verrois son sang couler dans la carrière !

N ij

LE COMTE.

Suspends des regrets superflus.

ADELE.

Raimond, je ne te verrois plus,

Hélas! qu'à ton heure dernière!

Mon Amant va périr, & je n'expire pas!

LE COMTE.

Ton Amant! qu'as-tu dit?

ADELE.

Il n'est plus temps de feindre.

Je n'ai plus qu'à mourir; je n'ai plus rien à craindre.

Puissé-je aumoins expirer dans vos bras!

Oui, j'adorois Raimond, quand votre ordre suprême,

En refusant ses vœux, disposa de ma main.

Je voulois étouffer cette ardeur dans mon sein;

Mais qu'on est foible quand on aime!

Ah! l'amour se combat envain,

Quand la vertu l'applaudit elle-même.

LE COMTE.

Ton cœur ne pouvoit-il s'ouvrir,

Quand j'exigeai ta fatale promesse?
Pourquoi me cacher ta tendresse?

ADELE.

Vous commandiez ; je devois obéir.

(Marche).

N iij

SCENE III.

LE COMTE, ADELE, DAMES DE LA SUITE
D'ADELE, ALPHONSE, RAIMOND, DAMES
DE LA COUR, CHEVALIERS, ÉCUYERS,
PAGES, JUGES DU CAMP, ROI D'ARMES,
HÉRAULTS, OFFICIERS DES LICES, MÉ-
NÉTRIERS, PEUPLE, PASTRES.

*Les douze Chevaliers, qui se sont présentés pour
combattre, ouvrent la marche. Les Ménétriers viennent après, & sont suivis des Ecuyers, des Officiers
des Lices, du Roi d'armes, des Héraults, de douze
Pages, des deux Combattans conduits par deux
Chevaliers parrains, des quatre Juges, & des autres
Officiers des Lices.*

*Ils sont divisés en deux parties qui, conduisant
chacune un des Combattans, arrivent par les deux
côtés du Théâtre, & traversent la Lice.*

Les Juges se placent sur le gradin qui est sous la tente.

Les Chevaliers, les Ecuyers, & les Pages les environnent.

Les Ménétriers, le Roi d'armes, & les Héraults sont aussi à leur droite & à leur gauche, un peu en avant.

Les deux Combattans, toujours accompagnés des Chevaliers parrains, se mettent à genoux devant les Juges.

L'Ecu d'Alphonse est peint du blazon de sa Maison. Celui de Raimond est tout blanc.

Les Dames & les hommes de la Cour sont sur des gradins des deux côtés de la tente.

Le Peuple est le long des barrières en dehors.

Les Officiers des Lices se placent pour le contenir.

Le Comte, Adele & les Dames de sa suite sont sur le gradin destiné pour elle.

Les Pastres garnissent le côteau qui est au fond du Théâtre.

N iv

LES JUGES *(aux deux Com-*
battans).

CEDEZ à votre impatience.
Le Ciel va montrer à nos yeux
Le crime, ou l'innocence.

Le signal du combat se donne. Adèle tombe dans les bras des Dames de sa suite. Les deux Combattans, précédés du Roi d'armes, des Héraults, & accompagnés des deux Chevaliers parrains, entrent dans la lice. Les Chevaliers parrains, le Roi d'armes, & les Héraults vont reprendre leurs places en dehors des barrières, que des Officiers des Lices ferment sur les Combattans, le tout pendant les Chœurs suivans.

LE COMTE *(en regardant Adele qui tombe dans les bras des Dames de sa suite)*
Que ce spectacle est douloureux !

CHŒUR DES HOMMES.
Frappez, & que le coupable
Sous le fer impitoyable
Gémisse & soit abattu.

CHŒUR DES DAMES.

Raimond, punis un coupable.

Le Ciel t'est favorable;

Tu combats pour la vertu.

Les Héraults imposent silence en levant leurs batons. Le Roi d'armes lève sa main de Justice. On n'entend plus qu'un roulement de timbales.

RAIMOND & ALPHONSE combattent avec la hache, &, après plusieurs coups portés avec fureur, après avoir coupé les courroies de leurs cuirasses, ils les jettent au loin, ainsi que leurs haches, & leurs boucliers.

RAIMOND est frappé sur la tête dans ce combat, & chancèle un moment. ADELE s'évanouit.

LE CHŒUR.

O moment redoutable !

Les Héraults imposent silence une seconde fois, & Raimond & Alphonse combattent avec l'épée.

RAIMOND blesse ALPHONSE qui tombe, se relève, & retombe mort.

Le Roi d'armes s'avance avec des Officiers des Lices qui emportent Alphonse sous la tente des Juges.

CHŒUR GÉNÉRAL.

Quelle félicité pour nous !
Raimond remporte la victoire :
Chantons à l'envi, chantons tous
Le Vainqueur, Adèle, & leur gloire.

ADELE *(revenant de son éva-*
nouissement.)

Qu'entends-je ?

LE COMTE *(la tenant dans*
ses bras.)

Bannis ta frayeur.

Nota. S'il y avoit eu plus de facilité pour faire arriver des chevaux sur le Théâtre, s'il étoit possible de les y placer avant, & après le combat, les deux Chevaliers auroient fait deux courses & rompu deux lances, avant de combattre à pied. Le Théâtre de la cour pourroit seul permettre cette action qui, en rendant la vérité, ajouteroit infiniment à la beauté du Spectacle.

Raimond est digne de te plaire ;
Raimond est Vainqueur.

ADELE.

Ah, mon père !

LE COMTE *(lui montrant*
Raimond, qui arrive sur le devant de la Scène en
remettant son épée dans le foureau).

Regarde, & chéris ton vengeur.

On enlève les barrières ; les Juges & leur cortège
s'éloignent.

SCENE DERNIERE.

LE COMTE, ADELE, RAIMOND, COUR
DU COMTE, PEUPLE, PASTRES, JON-
GLEURS, JONGLEUSES.

RAIMOND (*à Adele*).

Le ciel a prononcé, le Ciel vous justifie.
Lui seul a dirigé mes coups ;
Il a dû veiller sur ma vie
Lorsque j'ai combattu pour vous.

LE COMTE.

Cher Raimond, votre père aujourd'hui doit apprendre
Que nos débats sont pour jamais finis,
Et la main d'Adèle est le prix
De l'Amant adoré qui vient de me la rendre.
Que j'embrasse à la fois, son vengeur, & mon fils.

(*Il l'embrasse*).

RAIMOND.

Croirai-je à mon bonheur ? Mon Père! chère Adèle!

ADELE.

L'Hymen va nous unir; l'Amour nous rend heureux.

LE COMTE *(à Raimond)*.

Quand ce jour vous assure une gloire immortelle,
Que peut-il manquer à vos vœux ?

(à sa Suite).

Que la Fête la plus brillante
Amuse aujourd'hui vos loisirs.
Si jamais mon bonheur s'augmente,
Ce doit être par vos plaisirs.

(Danse de Chevaliers & de Dames. Les Dames ap-
portent en dansant , & donnent à Raimond une
couronne de laurier , & des bracelets , des nœuds
de rubans , des écharpes , qu'elles ôtent de leur
parure).

UNE DAME, ET LE CHŒUR *(à*
Raimond).

N'oubliez jamais ce beau jour ,
Et que votre ame

Ne s'enflamme

Que pour l'honneur, & pour l'amour.

Tour à tour charmant, & terrible,

Jouissez d'un sort glorieux.

Amant, soyez toujours heureux,

Et, Guerrier, toujours invincible.

(*Danse de Chevaliers & de Dames*).

UNE DAME.

C'est peu d'être bien enflammé

Pour inspirer un feu durable.

Il faut se rendre plus aimable

Si l'on veut toujours être aimé.

L'amour qui desire

Flatte la vanité ;

L'amour qui soupire

Satisfait la fierté.

Il plaît avec un sourire ;

Il enchaîne avec la gaîté.

(*Danse des Jongleurs & des Jongleuses*).

RAIMOND.

Tendre amour, lance tes flammes ;

Lance-les sur nous à jamais.

Elles épurent nos ames,

Et nos vertus sont tes bienfaits.

QUAND un Héros cherche la gloire,

Par les périls il n'est point arrêté ;

Mais bien souvent il ne doit la victoire

Qu'au seul desir de plaire à la beauté.

LE CHŒUR.

Tendre Amour , lance tes flammes ,

Lance-les sur nous à jamais.

Elles épurent nos ames ,

Et nos vertus sont tes bienfaits.

Un divertissement général termine cet Opéra.

Nota. Si cet Opéra se donnoit sur le Théâtre de la Cour, on le termineroit par un Tournoi ; & les Chevaliers , à la tête desquels on verroit les douze qui se sont présentés pour défendre la Princesse , seroient conduits enchaînés par des Dames qui leur ôteroient leurs chaînes en les introduifant dans la Lice. Les Juges refteroient fur la Scène d'où les barrières n'auroient pas été enlevées.

F I N.

LETTRE

LETTRE

DE M. DORAT,

à l'Auteur, sur son Opéra d'Adèle de Ponthieu.

L'austère Boileau, & le sage Labruyere s'étoient déclarés tous deux contre le genre de l'Opéra. Cette mollesse d'expression des Poëmes Lyriques, & ces soi-disant prodiges d'une magie qui, pouvant tout, le plus souvent ne produit rien ; le mélange des Dieux & des Diables, la continuité du merveilleux, toutes les ressources enfin de la vieille Mithologie ne pouvoient guères trouver grâce aux yeux d'un satirique plein de goût, & d'un moraliste Philosophe. Mais, mon

Nota. Si je mets au jour cette Lettre de M. Dorat, c'est moins pour me parer des louanges qu'il m'y donne, que de son amitié à laquelle j'en dois sans doute la plus grande partie.

O

Ami, s'ils avoient pu lire votre Ouvrage, ils seroient revenus de leurs préventions, & vous auriez rendu deux partisans célèbres à la Scène de Roland, d'Atys, & d'Armide.

J'ai lu avec le plus vif intérêt votre nouvelle Adèle. Quoique la première eût toutes les grâces de la nouveauté, celle-ci l'emporte par le soin des détails, le charme de l'ensemble, & la richesse de l'ordonnance. Les légers défauts que l'amitié attentive y avoit remarqués, ont tous disparu, & vous même avez été votre juge. Je me rappelle toujours la franchise & la modestie avec lesquelles, après avoir vu votre Ouvrage applaudi au Théâtre, vous me dîtes chez moi, en interrompant mes éloges : j'ai été trop vîte; mon exposition n'est pas nette; j'ai trop négligé le style, sur-tout au premier Acte; sa pompe & sa magnificence tuent l'intérêt du second, & rompent cette liaison; cette suite, cette progression de tableaux qui est la vie de l'art dramatique, & le véritable secret d'attacher le

Spectateur. Que je vous fus bon gré d'être dans de si bons principes! Nos Auteurs Lyriques, pour la plupart, n'y regardent pas de si près; &, pourvu qu'ils entassent un certain nombre de paroles oiseuses pour servir de texte à un Musicien qui les réchauffe comme il peut, ils s'embarrassent médiocrement de l'effet que tout cela doit produire. Ils savent qu'on chantera, qu'on dansera, & qu'on criera *Bravo*. Voilà le triomphe, voilà la gloire qu'ils ambitionnent. Ils ne se doutent point que leur art a des mystères que l'étude & la reflexion peuvent seules approfondir.

Votre Opéra prouve bien que vous avez une autre idée du genre auquel vous consacrez quelques veilles. Vous avez été plus sévère que votre Ami, & même que le Public. Voilà ce qui s'appelle une véritable Tragédie sur le Théâtre Lyrique, où vous pouvez vous flatter d'avoir introduit un genre absolument nouveau, tant par la majesté & le piquant du sujet, que par la coupe des Scènes, la noble simplicité du Dialogue, la pureté continue du style , la vivacité de l'action , & la hardiesse d'avoir embelli la raison , même sans les prestiges de la fiction sur une Scène qui lui est consacrée.

Dans votre Ouvrage le concours des arts agréables a d'autant plus d'effet qu'il n'y blesse jamais la vérité. Il est bien singulier qu'on ait négligé jusqu'à vous de produire la Chevalerie sur le Théâtre de l'Opéra. C'est là qu'elle peut se déployer avec l'appareil brillant qui lui convient , & nous faire sentir combien les grands tableaux historiques , traités par une main habile , l'emportent sur les redites éternelles de la fable qu'il est presque impossible de rajeunir.

Votre Drame renferme sévèrement les trois règles importantes de la Tragédie ; l'unité d'intérêt , l'unité de temps , puisque celui de la représentation suffit à votre action , & même l'unité de lieu , malgré les changemens de décoration qu'exige la Scène Lyrique , puisque tout se passe dans l'enceinte d'un Palais.

Vos caractères font bien prononcés , bien foutenus , & , quoique vous n'ayez que quatre perfonnages , vous n'avez aucune monotonie dans les fituations. Elles fe varient en fe fuccédant , & rempliffent le Théâtre pendant deux heures & demie , fans qu'une feule entrée ou fortie d'Acteur foit mal ou peu motivée.

Mais un de vos mérites particuliers , felon moi , c'eft la manière dont font amenés vos Ballets , qui trop fouvent font fi ridiculement placés , malgré le fecours de la baguette & le droit de créer des moyens quand ils ne s'offrent pas d'eux-mêmes.

Le premier l'eft naturellement par la fituation , & , grâce à votre heureux fujet , les quatre autres font intimement liés à la marche du Poëme ; ils en font partie , & partie effentielle.

Rien de plus beau que votre dénouement. Les cœurs en font encore plus émus que les yeux n'en font frappés. Le moment où l'on ferme la barrière eft vraiment théâtral ; il infpire la terreur ,

& le combat, qui a déjà produit tant d'effet, en produira davantage encore par la diversité des armes dont se serviront les Combattans. Tous les personnages sont en action. Le Comte de Ponthieu craint d'autant plus pour le sort de sa fille que, l'ayant contrainte, il ne peut imputer son malheur qu'à lui. Adèle tremble à la fois pour sa gloire & pour son Amant. Le jeune Raimond, sans espoir d'obtenir la Princesse, s'il est vainqueur, expose sa vie pour la venger. Alphonse lui-même, quoique criminel, quoiqu'on desire vivement de le voir succomber, inspire une sorte de pitié par ses combats contre les passions qui l'entraînent.

Quel spectacle, s'il étoit donné avec cette vérité, cette magnificence qu'il exige, & que le Théâtre de Versailles pourroit seul offrir !

Quel spectacle pour la Nation Françoise que celui de ses anciennes mœurs, de sa galanterie héroïque, source de tant d'exploits, de plaisirs, & de vertus ! Oui, tous les cœurs honnêtes, courageux, & tendres vous doivent un tribut d'éloges, & un sentiment de reconnoissance pour les impressions douces & fortes que vous leur avez fait & ferez éprouver. Ce sont-là de ces tableaux qu'il faut sans cesse remettre sous nos yeux, & que les circonstances rendront encore plus inté-ressans. Tous les exemples de grandeur, de bien-faisance, & de sensibilité seront nécessairement applaudis par une Cour qui en offre de si jeunes & de si brillans modèles. Les talens aimables & utiles doivent être accueillis, quand sur le même trône on voit s'asseoir les Grâces à côté de la Justice.

Adieu, mon Ami. Quant aux suffrages de Paris j'oserois vous assurer que vous les obtiendrez tous. J'attends impatiemment l'année prochaine pour jouir de vos triomphes, & vous offrir des cou-ronnes.

Ce 15 *Octobre* 1774.

LA FÊTE DE FLORE,

PASTORALE EN UN ACTE,

Représentée à Fontainebleau le jeudi 15 Novembre 1770, à Paris sur le Théâtre de l'Académie-Royale de Musique, pour la première fois, le 18 Juin 1771, & reprise le 5 Décembre de la même année, pour les Jeudis de tout l'hiver.

La Musique est de feu M. TRIAL, Directeur de l'Académie Royale de Musique.

PERSONNAGES

CHANTANS OU DANSANS.

FLORE, *Mde Dupuis.*

HYLAS, Berger-Amant d'Eucharis, *M. Legros.*

EUCHARIS, Bergère - Prêtreſſe de Flore, *Mlle Beaumenil.*

CEPHISE, Bergère coquette, *Mde Larrivée.*

BERGERS.

BERGÈRES.

PASTRES.

PASTOURELLES.

La Guirlande d'Eucharis doit être blanche, celle de Céphiſe, couleur de roſe, celle d'Hylas, verte, la guirlande ſuppoſée de Daphnis, jaune & violette.

A
LA FÊTE DE FLORE,

PASTORALE.

L*E Théâtre représente un bocage au fond duquel est une espèce de Sanctuaire, où il y a un autel sur lequel est la statue de Flore. Il y a à ce Sanctuaire, deux autres entrées ou passages formés naturellement par le jeu des arbres, de manière qu'on peut aller à l'autel & revenir sur le devant de la Scène par ces passages. Au-pied de l'autel sont plusieurs guirlandes & couronnes formées de toutes sortes de fleurs ; sur un des angles du devant de l'autel sont deux guirlandes enlacées, l'une blanche, & l'autre verte.*

SCÈNE PREMIÈRE.

CEPHISE.

Amour, Amour, prête-moi tous tes charmes :
  Lance par moi tes traits vainqueurs.
Sans éprouver ton trouble & tes vives alarmes,
  Que je les porte au fond des cœurs.
Avec plus d'art l'heureuse indifférence
  Use des moyens de charmer.
  C'est pour mieux servir ta puissance
  Que je ne veux jamais aimer.

Hylas a le cœur tendre, & je n'ai pu lui plaire.
Trompé par mon adresse il a fui sa Bergère ;
Mais en ce jour de Fête il revient plus épris ;
Il unit son hommage à celui d'Eucharis :
Suivons pour me venger le dépit qui m'éclaire.

  Cephise, qui a sa guirlande à la main, la joint
à celle d'Hylas, & met du même côté, mais sur le

derrière de l'autel la guirlande d'Eucharis , en y joignant celle de Daphnis.

On entend une simphonie qui annonce les Bergers.

Mais déjà nos Bergers s'avancent vers ces lieux.
Pour remplir mes projets , profitons de nos jeux.

Une troupe de Bergers , de Bergères , de Pastres & de Pastourelles , porte en dansant au pied de l'autel de nouvelles guirlandes , de nouvelles conronnes de fleurs.

SCENE II.

EUCHARIS, BERGERS, BERGERES, PASTRES,
PASTOURELLES.

CHŒUR.

RIVALE de la jeune Aurore,
Fille riante du printemps,
Reçois de nous, charmante Flore,
L'hommage pur de tes présens.
Il n'est point de plus doux encens
Que les fleurs que tu fais éclore.

(On danse).

EUCHARIS.

Un Dieu bienfaisant
Forma la nature.
La terre en naissant
Te dut sa parure.

L'Amant de Thétis,

Au sortir de l'Onde,

Eclaire le monde;

Mais tu l'embellis.

CHŒUR.

Un Dieu bienfaisant, &c.

EUCHARIS.

De tes dons brillans,

Vénus se couronne.

Les tendres Amans

En parent son trône.

Le Plaisir toujours

En fait sur tes traces

L'ornement des Grâces,

Les nœuds des Amours.

UN Dieu bienfaisant, &c.

CHŒUR.

L'Amant de Thétis, &c.

(On danse).

EUCHARIS.

Heureux habitans de ces lieux,
C'est assez célébrer votre reconnoissance.
Allez jouir des biens que Flore vous dispense;
Je vais lui présenter vos vœux.

SCENE III.

SCENE III.

EUCHARIS.

A H! qu'un cœur tendre est un cruel partage,
Et qu'on souffre, en aimant, des tourmens rigoureux,
Lorsque nos peines sont l'ouvrage
De l'objet même de nos feux !

(*Appercevant la guirlande d'Hylas jointe à celle*
d'une autre Bergère).

Mais que vois-je ? Quel prix de mon ardeur sincère !
La guirlande d'Hylas jointe par mille nœuds
A celle d'une autre Bergère !

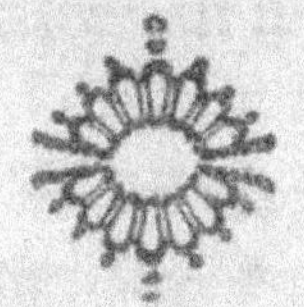

P

SCENE IV.

EUCHARIS, CEPHISE.

CEPHISE.

DE ce jour fait pour le plaisir
Pourquoi ne pas goûter les charmes?
Dans vos yeux j'ai lu vos alarmes;
Je viens les partager, je viens les adoucir.

VOTRE tristesse
S'accroît sans cesse.
Parlez sans détour :
Prêtresse de Flore,
Seriez-vous encore
Victime de l'Amour?

EUCHARIS.

Hélas !

CEPHISE.

Le tendre Amour vous forma pour sa gloire.
Non, la belle Eucharis n'aime point vainement.

EUCHARIS.

Cephise !…. Hylas est inconstant.

Ah ! qu'il m'en coûte pour le croire !

CEPHISE.

Regretter un perfide Amant,

C'est mériter une nouvelle offense.

Les pleurs que l'Amour répand,

Font la gloire de l'Inconstance.

EUCHARIS.

Eh ! comment de l'ingrat perdre le souvenir ?

Ah ! de mon cœur je ne puis le bannir.

CEPHISE.

De la fleur la plus belle

Voyez le destin ;

Chaque matin

Une rose nouvelle

Pare notre sein.

Le plaisir, comme elle,

Au gré des Amours,

Change tous les jours.

De ce bien suprême

P ij

Sachons nous saisir.

Qu'importe qu'il soit le même,

Si c'est un plaisir ?

EUCHARIS.

L'Amour léger & volage

N'a que de trompeurs attraits.

Pour plaire aux cœurs qu'il engage,

Du bonheur il offre l'image ;

Mais ne le donne jamais.

CEPHISE.

De la fleur, &c.

EUCHARIS,

(appercevant Hylas).

Que vois-je ? O Dieux ! Hylas s'avance.

Pour lui cacher mes pleurs, évitons sa présence.

SCENE V.

CEPHISE, HYLAS.

HYLAS (*à Eucharis qui sort*).

Belle Eucharis, hélas! quelle injuste rigueur !
Eh quoi ! vous me fuyez !... ô tendresse fatale !

CEPHISE (*à part*).

Vengeons-nous; je le dois : détruisons ma rivale.
    Ma gloire l'ordonne à mon cœur.
(*à Hylas*).
A nos desirs, Berger, vous daignez donc vous rendre !
La joie enfin renaît dans nos cœurs attendris.

HYLAS.

Ah ! si je vous suis cher, parlez-moi d'Eucharis.
    Parlez : ne dois-je plus attendre
    Que des rigueurs & des mépris ?

CEPHISE.

Loin de succomber à ses peines ,
L'Amant , qui gémit sous ses chaînes ,

P iij

Ne doit songer qu'à les quitter.

L'Amour a des ailes

Pour fuir les cruelles :

Il faut l'imiter.

H Y L A S.

Quelle Beauté pourroit encor me plaire?

Eucharis trahit ses sermens.

Il n'est plus de tendre Bergère,

Plus de bonheur pour les Amans.

Quoi je n'ai donc plus d'espérance?

C E P H I S E.

L'Amour vous offre une vengeance

Qui vous servira mieux

Qu'une vaine constance :

Hylas, ouvrez les yeux.

Quand l'Amour nous appelle,

S'il nous prescrit un nouveau choix,

Volons à sa voix.

Une ardeur nouvelle

Doit nous enflammer.

Laiffons-nous charmer.

C'eft être fidèle

Que toujours aimer.

HYLAS.

Abandonné par celle que j'adore,

Ah! faut-il que l'Amour me force à la fervir!

CEPHISE.

Et fi, plus infenfible au feu qui vous dévore,

Elle aimoit un Berger....

HYLAS.

Je la voudrois hair;

Mais mon cœur l'aimeroit encore.

CEPHISE.

Et bien, forme de vains defirs,

Hylas, brûle pour ta Bergère.

Ce n'eft qu'en amufant que l'on parvient à plaire

L'ennui toujours fuit les triftes foupirs.

L'AMOUR doit avoir en partage

La légéreté de Zéphir;

Toujours riant , souvent volage ,
Comme lui changer & jouir.
Sans les charmes du badinage
Seroit-il le Dieu du plaisir?

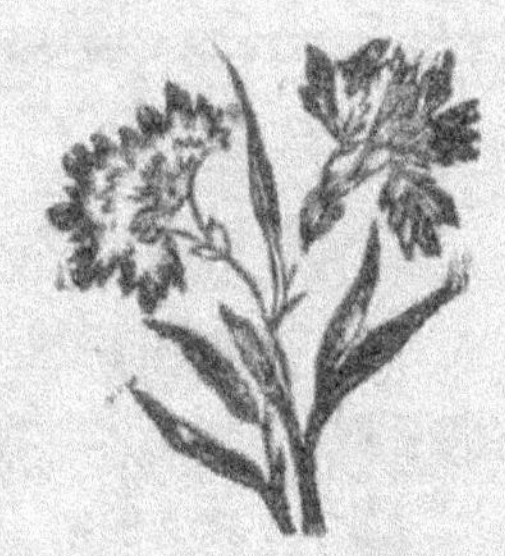

SCENE VI.

HYLAS.

Amour, si tu te plais à ma douleur mortelle,
Si les maux d'un cœur tendre ont pour toi des appas,
Quels maux, quelle peine cruelle
Réserves-tu pour punir les ingrats ?

SCENE VII.
EUCHARIS, HYLAS.

HYLAS,
(à Eucharis qui paroît, & veut, en voyant Hylas,
rentrer dans le bosquet de Flore).

ENVAIN vous évitez le malheureux Hylas !
Vous m'enviez envain la douceur de me plaindre !
Quand on n'est plus aimé, que reste-t-il à craindre ?
     Par-tout je veux suivre vos pas.

EUCHARIS.
     Ingrat, cessez de vous contraindre.
     Allez vivre heureux loin de moi,
Si l'on peut être heureux en trahissant sa foi.

HYLAS.
     Moi, vous trahir ! hélas ! je vous adore.
L'Amour, qui m'imposoit un exil rigoureux,
Me conduit pour vous seule à la Fête de Flore.
Eucharis, & l'Amour, voilà mes premiers Dieux.

J'ai voulu vous revoir encore,
Vous peindre ma constance, en offrant à vos yeux
Ma guirlande à la vôtre unie.

EUCHARIS,

(lui montrant l'Autel).

A la mienne ! regarde, & vois ta perfidie.

HYLAS,

(appercevant sa guirlande jointe à celle de Cephise).

Quelle barbare main a pu tromper mes feux ?

(S'approchant plus près de l'Autel, & voyant la
guirlande d'Eucharis jointe à celle d'un autre
Berger).

Mais que vois-je ? O douleur mortelle !
Puis-je le croire ? J'en frémis !
Votre guirlande jointe à celle de Daphnis !
Dieux ! Est-ce donc à vous, cruelle,
De m'accuser d'être infidèle ?

EUCHARIS.

Ce n'étoit pas assez de ta légéreté :
Cet artifice est ton ouvrage.

HYLAS.

Qu'entends-je? Grands Dieux! quel outrage!
Vous croyez.....

EUCHARIS.

Laisse-moi gémir en liberté;
Je ne veux plus entendre un perfide, un parjure.

Elle veut sortir.

On entend une douce simphonie.

Mais quels accens mélodieux!
L'air plus pur & plus frais rajeunit la verdure;
Le feuillage s'anime, & répand dans ces lieux,
Avec un doux murmure,
Mille parfums délicieux.

HYLAS.

C'est Flore qui paroît! elle prévient mes vœux.

SCENE VIII.

FLORE, EUCHARIS, HYLAS.

*Flore descend avec Zephir dans un char de fleurs ;
Elle est entourée de l'Hymen & de l'Amour, des
Plaisirs, & des Jeux.*

FLORE.

Goutez le prix d'une égale constance ;
Cephise envain voulut vous désunir ;
Le Ciel trompe son espérance.
Votre bonheur doit assez la punir ;
Ce sera ma seule vengeance.

EUCHARIS ET HYLAS (*à Flore*).

Notre reconnoissance
Egale le bonheur dont nous allons jouir.

FLORE.

Qu'on respire en ces lieux une volupté pure ;
Qu'ils soient changés en des jardins charmans.

Tout doit jouir dans la nature
De la félicité de deux parfaits Amans.

SCENE DERNIERE.

*Le théâtre repréfente les jardins les plus rians. Tous
les arbres y font entourés de fleurs.*

*L'Amour, l'Hymen, les Plaifirs, les Jeux forment
des danfes, & uniffent les Amans avec des guirlandes de rofes.*

FLORE, EUCHARIS, HYLAS, BERGERS,
BERGERES, PASTRES ET PASTOURELLES.

EUCHARIS, HYLAS ET LE CHŒUR.

QUE nos chants, que nos jeux répondent à nos cœurs,
   Pour célébrer notre aimable Immortelle !
      Que notre ardeur foit digne d'elle,
      Et renaiffe comme fes fleurs !
      Nos jours, fous fon riant empire,
      N'ont que des momens pleins d'attraits.
      Chantons le plaifir qu'elle infpire ;
      Chantons fa gloire, & fes bienfaits.

                              (*On danfe*).

E U C H A R I S.

Jeunes Beautés, que l'Amour vous éclaire ;

L'art d'enflammer n'offre qu'un faux honneur.

Il vous égare, & le seul don de plaire

N'est qu'un plaisir, & jamais un bonheur.

Enchaînez-vous par des liens durables ;

Pour votre cœur le bonheur est certain.

Ne craignez pas d'en être moins aimables ;

Plaire & charmer, c'est là votre destin.

(On danse).

H Y L A S.

Des dons brillans de Flore,

Le doux Printemps emprunte ses attraits.

Ainsi le Dieu charmant, que l'Univers adore

A la Beauté doit tous ses traits.

C'est elle qui porte en nos ames

Le sentiment, & les desirs ;

Un seul de ses regards sur nous lance les flammes

Du Dieu que suivent les Plaisirs.

Un divertissement général termine cette Pastorale.

F I N.

FATMÉ,

FATMÊ,

COMÉDIE-BALLET

EN UN ACTE.

*Ce Ballet est entre les mains de M. ** qui en fait la Musique.*

Q

PERSONNAGES

CHANTANS, OU DANSANS.

ACHMET, Pacha de Chipre.

FATMÉ, Femme du Pacha, Fille du Sultan.

ZULMIRE, Noble Vénitienne, faite Esclave
à Candie.

ALI, Gentilhomme François, fait Esclave à
Candie.

UN JANNISSAIRE.

FEMMES
ESCLAVES } du Pacha.

La Scène est en Chipre.

FATMÉ.

*LE THÉATRE représente les jardins du Pacha, &
son Palais dans le fond. A un pavillon du Palais
est un grand balcon, orné d'arbustes & de fleurs.
Plus avant est une terrasse terminée par une balustrade.
Aux deux extrémités de la terrasse sont deux esca-
liers ; au milieu est un gradin paré de riches tapis.*

SCENE PREMIERE.

FATMÉ.

AMOUR constant, Amour toujours heureux,
N'es-tu qu'un bien imaginaire ?

Q ij

FATMÉ,

Faut-il avoir senti la douceur de tes feux,
  Aimer encor, même en cessant de plaire ?

RICHESSES, Dignité, Grandeurs,
Mon infidèle Epoux tient tout de ma naissance.
S'il eût senti le prix du plus tendre des cœurs,
Achmet eût assez fait pour la reconnoissance.

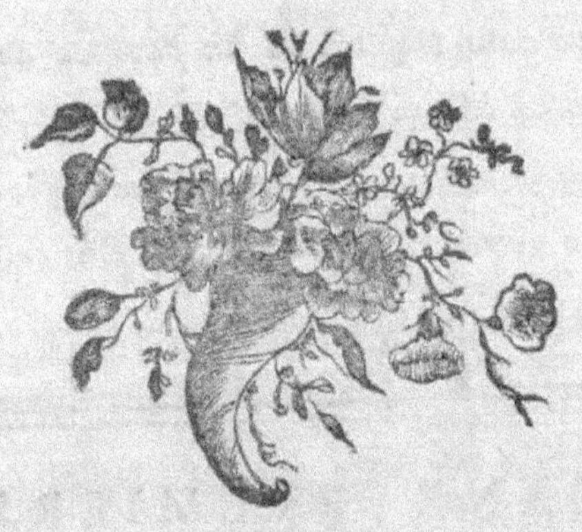

SCENE II.

FATMÉ, ALI.

FATMÉ.

Venez, jeune François ; je puis en liberté
Vous voir & vous parler : écoutez-moi sans crainte.
La Fille des Sultans peut braver la contrainte,
    Qui dans ces murs fait gémir la Beauté.
Vous connoissez Zulmire.

ALI *(à part)*.

    Ah ! que viens-je d'entendre ?
Me serois-je trahi ?

FATMÉ.

    Comptez sur ma faveur :
Parlez.

ALI.

    Je ne puis m'en défendre :
Le desir d'illustrer mon nom par ma valeur,

M'avoit fait quitter ma Patrie.

Je vis Zulmire dans Candie,

Où bientôt le Destin, par un cruel revers,

Nous unit sous les mêmes fers.

FATMÉ.

Vous vous aimez ; cessez de feindre.

Que peut-il vous rester à craindre?

Je veux moi-même vous servir.

J'ai vu Zulmire & vous, emprunter ce langage

Qu'ici l'Amour mit en usage,

Et que forment les fleurs, & l'art de les unir.

ALI.

Vous savez !...

FATMÉ.

Je le sais ; vous brûlez pour Zulmire.

Mon Époux à la fois perfide, & malheureux,

Pour elle également soupire,

Et, méprisé par elle, il méprise mes feux.

ALI.

Un cœur n'est pas long-temps rebelle

A la tendresse unie à la beauté ;

Du sein de l'infidélité

  L'Amour constant le rappelle.

L'erreur fit sa légéreté ;

L'erreur même le rend fidèle.

FATMÉ.

Dois-je attendre que les regrets

Me rendent un cœur qui m'offense ?

Dois-je m'exposer pour jamais

A sa funeste indifférence ?

Il faut m'arracher en ce jour

Aux cruels ennuis de la plainte.

Mon cœur ne connoît plus de crainte:

Il est éclairé par l'Amour.

Je vais avec Zulmire assurer votre fuite ;

  Profitons du moment des jeux

  Que bientôt vont offrir ces lieux.

Hélas ! à quoi suis-je réduite

Pour ramener un cœur qui brise tous ses nœuds !

(Elle rentre dans le Palais.)

Q iv

S C E N E III.

A L I.

QU'AI-JE entendu ? Je pourrois être heureux !
Seroit-ce un vain espoir dont mon ame est séduite ?

TÉMOIN de ma fidelle ardeur,
O Temps, viens finir ma douleur !
Hâte le moment où j'aspire.
Souvent ton vol léger nous enlève au bonheur ;
Vole au moins une fois, vole pour m'y conduire.

SCENE IV.

Zulmire paroît fur le balcon du Palais, & elle y arrange des fleurs.

ALI, ZULMIRE.

ALI.

O CIEL! eft-il bien vrai? C'eft elle, c'eft Zulmire!
Sa main forme déjà ce langage enchanteur
Qui s'exprime par chaque fleur.

QUE vois-je? Ces jafmins auprès de l'immortelle,
Me peignent la douceur
D'une flamme éternelle,
Et tout la promet à mon cœur.

O CHARMANTE ZULMIRE! une humble violette
Unie au lis éclatant,
Demande fi mon cœur fera toujours conftant!

Ah ! comme ta beauté, mon ardeur eſt parfaite.
Non il n'eſt point d'auſſi fidèle Amant.

CE MIRTE, que pare une roſe,
M'annonce le bonheur qui peut combler mes vœux.
Zulmire ! je t'entends… il n'eſt rien que je n'oſe ;
Je vais briſer tes fers, ou mourir à tes yeux.

MAIS j'apperçois Achmet.

SCENE V.

ACHMET, ALI.

SUITE D'ESCLAVES au fond du Théâtre.

ACHMET *(à Ali)*.

Esclave, tout s'apprête
A célébrer un choix digne de mes defirs.
Puiſſe enfin cette heureuſe Fête
Se couronner par mes plaiſirs !
Zulmire doit au moins apprendre à me connoître.
Si ſon cœur ſe refuſe à mon empreſſement,
Quand je trahis Fatmé... que j'aime encor peut-être,
Ce jour finira mon tourment.
Il verra ſuccéder l'autorité du Maître
A la foibleſſe de l'Amant.

ALI *(à part)*.

Qu'entends-je ?

ACHMET.

Que dis-tu ?

ALI *(à part)*.

Trop funeste moment !
Seigneur, vous devez tout attendre
D'une plus généreuse ardeur.
On ne doit estimer la conquête d'un cœur,
Que lorsque l'Amour seul le contraint à se rendre.

ACHMET.

Eh bien, par tes flatteurs accens
Peins aujourd'hui l'Amour, embellis tous ses charmes,
Son bonheur, ses plaisirs, ses doux ravissemens ;
Que Zulmire, à ta voix, oubliant ses alarmes,
Partage enfin mes sentimens.

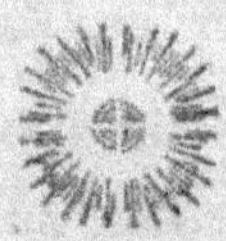

SCENE VI.

ACHMET, ZULMIRE, ALL

DOUZE FEMMES DU SERRAIL VOILÉES, *ainsi que* ZULMIRE.

ESCLAVES DES DEUX SEXES.

Les Femmes du Serrail s'asseyent sur le gradin. Il y a dans le milieu une place distinguée qu'occupe Zulmire. Les Esclaves sont rangés aux deux côtés du Théâtre.

(On danse).

ACHMET.

(S'avançant vers Zulmire pour la conduire sur le devant de la Scène).

Zulmire lève son voile.

JEUNE & charmante Zulmire,
Par vos traits, par vos sons séduisez tour à tour.
Chantez le pouvoir de l'Amour ;
Ce sera chanter votre empire.

A votre voix légère, & sensible à la fois,
Cet Esclave unira le charme de sa voix.

A L I (à Zulmire).

Aimez ; l'Amour vous en presse.
Du plus sincère Amant écoutez les soupirs.
Sans crainte livrez-vous à l'heureuse tendresse
Qui vous promet mille nouveaux plaisirs.

L E C H Œ U R.

Aimez , &c.

A L I.

Envain le tendre esclavage
Peut d'abord nous alarmer.
On sent toujours davantage
Le charmant besoin d'aimer.

O bonheur suprême
De voir ce qu'on aime !
Un doux souvenir
Adoucit l'absence ;
Un doux avenir
Flatte l'espérance.
Tout est jouissance

> Après l'heureux jour
> Couronné par l'Amour.

ZULMIRE.

> L'Amour souvent à mon ame
> S'est peint sous d'autres couleurs,
> Et ne m'offroit dans sa flamme
> Que tourmens & que douleurs.
> Je le voyois rempli d'alarmes,
> Léger, tyrannique, jaloux ;
> Mais, quand on le peint comme vous,
> Je ne lui vois plus que des charmes.

ACHMET.

> Ah ! qu'il seroit aimable dans vos yeux !
> Qu'il vous embelliroit en me rendant heureux !

ZULMIRE.

> Amour, jouis de ta victoire ;
> Hâte le moment précieux
> Qui doit ajouter à ta gloire.
> Mon cœur étoit fait pour tes feux.
> Puisse l'Amant, qui sans cesse
> Vivra dans mon tendre cœur,

Etre heureux par sa tendresse,
Plus heureux par mon bonheur.

(*On danse*).

A L I.

Quand l'Amour nous tient dans ses chaînes,
Saisissons ses bienfaits.

Z U L M I R E.

Les négliger, c'est les perdre à jamais,
Et mériter ses peines.

*Zulmire suivie d'Ali va pour prendre sa place
parmi les Femmes, & sort avec lui par le côté
du Théâtre.*

(*On danse*).

A C H M E T.

Que de jours malheureux,

Que de momens affreux,

Quand on aime sans espérance !

Mais le souvenir des tourmens

Est un nouveau bonheur pour les tendres Amans,

Que l'Amour enfin récompense.

Achmet s'avance vers les Femmes.

SCENE VII.

SCENE VII.

ACHMET, FATMÉ, UN JANNISSAIRE,
FEMMES ET ESCLAVES DU SERRAIL.

LE JANNISSAIRE.

Un vaisseau, dont la nuit a caché les apprêts,
Seigneur, vous enlevoit Zulmire & le François;
Mais on les ramène au rivage.

ACHMET

(*S'avançant vers Fatmé qui, habillée comme Zulmire, a pris sa place*).

Se pourroit-il....

FATMÉ (*levant son voile*).

Cruel, reconnois-moi.

*Les Esclaves se retirent au fond du Théâtre auprès
des Femmes.*

ACHMET.

Que vois-je? Vengeons mon outrage.
Malgré les droits du sang & le nœud qui m'engage...

R

F A T M É.

Je n'ai point d'autres droits que mon cœur & ta foi.
De Zulmire & d'Ali la fuite est mon ouvrage.

A C H M E T.

Quoi vous avez tramé ce complot odieux !
Vous l'avez pû ! vous osez me le dire !

F A T M É.

Tout ce qu'un tendre amour inspire
Paroît légitime à mes yeux.
Connois l'excès de ma fatale ivresse…

A C H M E T.

Et vous m'aimez en déchirant mon cœur !

F A T M É.

Je souffrois moins de ma douleur
Que des mépris qu'éprouvoit ta foiblesse.
Que vois-je dans tes yeux ? Seroit-ce le courroux,
Le repentir, ou la tendresse ?
Ingrat, je tombe à tes genoux.

Elle tombe à ses genoux.
Parle.

A C H M E T.

Fatmé, que faites-vous?

Que sa voix pour mon ame est douce & redoutable!

Que ne peut la beauté d'accord avec l'amour !

Fatmé, vous l'emportez. Je suis .... je fus coupable:

J'en rougis.

F A T M É.

Vous m'aimez!

A C H M E T.

Par un juste retour,

Je vous rends à jamais ma tendresse en ce jour.

SCENE DERNIERE.

Les mêmes Acteurs,

ZULMIRE, ALI, DES JANNISSAIRES.

ACHMET *(à Zulmire & à Ali)*.

AINSI vous trahissiez tous deux ma confiance !
Mais le sort trompe votre espoir,
Et votre cœur ne peut prévoir
L'excès de ma vengeance.

ZULMIRE.

Nous sommes criminels ; vous devez nous punir.
Mais en d'autres climats l'Hymen dut nous unir.
Les fers n'ont point changé notre ame.
Je voyois dans Ali mon Amant, mon Époux ;
Aurois-je été digne de vous,
Si j'avois pu trahir sa flamme ?

ACHMET.

Et vous pouviez m'abandonner !

ZULMIRE.

Vous connoiſſez l'amour ; vous ſaurez pardonner.

ACHMET.

Vivez , heureux Amans....

ZULMIRE, ALI.

O vengeance chérie !

ACHMET.

Fatmé l'órdonne, & peut tout ſur mon cœur.

Que mes bienfaits , & le bonheur

Vous ſuivent dans votre Patrie.

On célébroit une ardeur infidèle ;

Venez , accourrez tous , redoublez votre zèle ,

Pour célébrer de plus durables feux.

Mon cœur charmé ſe renouvelle.

Le moment, qui l'unit d'une chaîne éternelle,

Eſt celui qui le rend heureux.

Marche des Eſclaves.

ZULMIRE.

Chantons , chantons l'Amour.

ALI.

Il fait le charme de la vie.

ZULMIRE.

Chantons, chantons l'Amour,

ENSEMBLE.

Ses feux & son tendre retour.

ZULMIRE.

Quand l'Amour nous lie,

Il chasse l'Ennui.

La peine avec lui

S'efface ou s'oublie.

Chantons, &c.

ALI.

Sans cesse il nous offre l'image

Et du bonheur, & du plaisir,

Déja si doux par le desir,

Plus doux quand on peut en jouir,

Et charmans quand on les partage.

Non, sans l'Amour,

Il n'est point de beau jour.

ENSEMBLE ET LE CHŒUR.

Chantons, &c.

(On danse).

A C H M E T , F A T M É .

Tendre Amour, enflamme

Pour jamais notre ame.

Amour, que tes liens font doux!

Anime fans ceffe

Notre égale ivreffe ;

Fais deux Amans de deux Epoux.

(*On danfe*).

L E C H Œ U R .

Que tout applaudiffe

A cet heureux jour ,

Que tout retentiffe

Du nom de l'Amour.

Le cœur, qui reffent fa puiffance,

Connoît déjà le charme des defirs.

Chantons tous , chantons fa conftance:

Chantons , & goûtons fes plaifirs.

D I V E R T I S S E M E N T   G É N É R A L .

F I N.

LINDOR,

BALLET EN UN ACTE.

La mise de ce petit Ouvrage au Théâtre, dépend de M. PHILIDOR qui en fait la Musique; & vraisemblablement elle aura lieu l'Été prochain.

PERSONNAGES

CHANTANS OU DANSANS.

LINDOR.

GLICÈRE, jeune Veuve.

CLÉON, Frère de Glicère.

CHASSEURS.

CHASSERESSES.

PAISANS.

PAISANNES.

La Scène est dans le Château de Lindor.

LINDOR.

SCENE PREMIERE.

GLICERE.

On résiste envain à tes feux,
Amour, quand on a le cœur tendre.
Ah! peut-on long-temps se défendre
De tes charmes, & de tes vœux?

LINDOR m'adore, & m'intéresse;
Mais la crainte de nouveaux nœuds

Me fait lui cacher ma foibleſſe,
Lorſque mon cœur lui dit ſans ceſſe
Ce que je dérobe à ſes yeux.

C'est aſſez, c'eſt trop me contraindre;
L'Hymen eſt-il ſi dangereux?
Si mon Amant eſt malheureux,
Que dois-je encore avoir à craindre?

On réſiſte envain à tes feux,
Amour, quand on a le cœur tendre.
Ah peut-on long-temps ſe défendre
De tes charmes, & de tes vœux?

SCENE II.

GLICERE, CLÉON, TROUPE DE CHASSEURS
ET DE CHASSERESSES.

CLÉON ET LE CHŒUR.

SOMMEIL, & Pareſſe,
Quittez ce ſéjour ;
Votre empire ceſſe.
Vivent l'alégreſſe,
La chaſſe, & l'Amour.
A la chaſſe, à la chaſſe.
La nuit fait place
Au plus beau jour.

CLÉON.

Les fleurs dans les champs vont éclore ;
Déjà les oiſeaux dans les airs
Forment au lever de l'Aurore
Les plus agréables concerts.

Amis, qu'en ces lieux tout s'éveille,

Pour voir ses brillantes couleurs,

Et, par le doux jus de la treille,

Allons tous ranimer nos cœurs.

SCENE III.

GLICERE, CLÉON.

CLÉON.

Vous vous éveillez la première,
Et la chasse, jeune Glicere,
Pour vous fut toujours sans attraits.
Parlez : quel est donc ce mystère ?
Quoi ! pour un Ami, pour un Frère
Pourriez-vous avoir des secrets ?

GLICERE.

Hélas ! ... vous devez me comprendre,
Et, loin d'affliger l'amitié,
Adoucir par votre pitié
Les peines d'une ame trop tendre.

CLÉON.

Puis-je plaindre l'heureux tourment
Dont l'Amour fait gémir votre ame ?
Lindor vous aime ; il est charmant.

GLICERE.

Je veux résister à sa flamme;
Je veux fuir tout engagement.

Il n'est point de chaîne
Qu'on porte sans peine;
Il n'est point d'amours
Qui durent toujours.
Lorsque l'Hymen nous engage,
Qu'il est peu de félicité!
On a du moins en partage,
Dans le veuvage,
Les charmes de la Liberté.

CLÉON.

Que la Liberté si chérie
Eloigne souvent du bonheur!
Elle n'est un bien pour le cœur
Qu'au moment qu'on la sacrifie.

FAITES le bonheur de Lindor.

GLICERE.

GLICERE.

Je ne puis me résoudre encor,
Quoique l'amour m'en sollicite.
Gardez-vous bien d'en avertir
Lindor qui paroît ....

CLÉON.

                    Je vous quitte ;
Ce n'est pas, je crois, vous trahir.

SCENE IV.

GLICERE, LINDOR.

LINDOR.

Voulez-vous me laisser connoître
Quels sont aujourd'hui vos desirs ?
Parlez : commandez aux plaisirs ;
A votre voix ils vont paroître.

GLICERE.

Il semble qu'un enchantement
Produise ici ce qu'on desire.

LINDOR.

Quand c'est la beauté qui l'inspire ,
Tout est facile au sentiment.
Mais , lorsque par votre présence
On voit tant de cœurs satisfaits ,
L'Amour seul doit-il à jamais
Gémir, ou garder le silence ?

GLICERE.

Je vais vous parler sans détour.
J'ai souvent déploré vos peines ;
Mais je redoute les chaînes
De l'Hymen & de l'Amour.

NON, rien ne pourra me contraindre
A former de nouveaux nœuds.

LINDOR.

S'il en est de malheureux,
Glicère, est-ce à vous de les craindre ?

L'HYMEN offre à deux Époux
Les biens les plus doux.
Plaisirs, & tendresse,
Soins, soupirs, & vœux,
Malheurs, & richesse,
Tout est commun pour eux,
Et tout les intéresse.
Un partage flatteur
Rend leur peine plus légère ;

S ij

LINDOR,

Mais , par un effet contraire ,
Il augmente leur bonheur.

L'HYMEN obtiendra-t-il fa grâce ?

GLICERE.

Voici le moment de la chaffe ;
Ceffez d'interroger mon cœur.

SCENE V.

*Le fond du Théâtre s'ouvre. On voit une table ser-
vie. Plusieurs Chasseurs & Chasseresses sont au-
tour de cette table , où Glicère prend place avec
d'autres Chasseresses. Les Hommes sont debout.
Les Chasseurs & Chasseresses qui ont paru à la
seconde Scène , rentrent sur le Théâtre , & y
forment des danses.*

GLICERE, LINDOR , CLÉON , CHASSEURS,
CHASSERESSES.

(*On danse*).

CLÉON,
(*sur le devant de la Scène*).

Le cor nous appelle ;
Allons, volons tous,
A des sons si doux.
Qu'une ardeur nouvelle,

S iij

Le cor & la voix
Hâtent nos exploits!

LA CHASSE , à tout âge,
Nous plaît , nous engage.
Elle a tour à tour ,
Elle a ses alarmes ,
Ses ruses , ses charmes
Ainsi que l'Amour.

LE COR nous appelle ;
Allons , volons tous ,
A des sons si doux.
Qu'une ardeur nouvelle ,
Le cor , & la voix
Hâtent nos exploits.
Mais si l'Amour nous égare
Dans les forêts,
Paix , paix :
Plus de fanfare ;
Soyons discrets.

(On danse).

BALLET.

CLÉON, GLICERE, LINDOR,
(sur le devant de la Scène).

Chantons gaîment, chantons sans cesse

GLICERE.

Le Plaisir , la Chasse , & le Vin.

CLÉON, LINDOR.

La Chasse , l'Amour , & le Vin.

GLICERE.

Rien ne manque à notre destin.

LINDOR.

Tout anime notre alégresse.

GLICERE, CLÉON.

Lorsque le Plaisir s'offre à nous ,
Comment résister à le suivre ?

LINDOR.

Il est toujours auprès de vous ;
C'est pour lui que vous devez vivre.

GLICERE, CLÉON.

C'est pour lui que nous devons vivre.

LINDOR.

Pourquoi penser avec chagrin ,

Que le bonheur est peu durable ?

GLICERE.

Jouissons, dans l'espoir aimable

De jouir encor mieux demain.

GLICERE, LINDOR, CLÉON.

Pourquoi penser avec chagrin

Que le bonheur est peu durable ?

Jouissons, dans l'espoir aimable

De jouir encor mieux demain.

On danse)

CLÉON ET LE CHŒUR.

A la chasse, Amis, à la chasse.

Hâtons-nous de partir.

Après ce plaisir,

Qu'un autre le remplace.

Les Chasseurs partent. Cléon donne le bras à sa

Sœur.

SCENE VI.

LINDOR.

GLICERE m'écoute en ce jour ;
Elle m'aime & daigne me plaindre.
Mais qu'espérer de son amour,
Quand l'Hymen lui paroît à craindre?

AMOUR, seconde mes efforts ;
Peins-lui le pouvoir de ses charmes.
Bientôt ses injustes alarmes
Vont céder aux plus doux transports.
Peins-lui le pouvoir de ses charmes ;
Amour, seconde mes efforts.

Le tonnerre gronde.

Quel orage se fait entendre ?
Volons : c'est trop me faire attendre.

SCENE VIII.

GLICERE, LINDOR.

Le tonnerre gronde encore.

GLICERE *(effrayée)*.

Ciel, ô Ciel! je frémis, je meurs.
Rien ne peut calmer les frayeurs
Dont mon ame est atteinte.
Elle se jette dans les bras de Lindor.
Ah! Lindor, ne me quittez pas.

LINDOR.

Que ce moment m'offre d'appas!
Faut-il le devoir à la crainte?

GLICERE.

Ah! Lindor ne me quittez pas.

Au bruit éclatant du tonnerre,
Au feu rapide des éclairs,

J'ai cru sentir trembler la Terre,
J'ai cru voir s'embraser les Airs.

LINDOR.

Calmez-vous ; l'Amour vous en presse.
Loin d'ajouter à mes tourmens,
Tournez vers moi ces yeux charmans
Que mon cœur aimera sans cesse.

GLICERE.

Comment me parler de vos feux
Lorsque ma frayeur est extrême ?

LINDOR.

Comment voir un moment vos yeux
Sans vous dire que je vous aime ?

GLICERE.

Peut-être enfin, peut-être un jour,
Moins insensible à la tendresse ....

LINDOR.

Puis-je espérer un doux retour ?

GLICERE.

N'espérez rien de ma foiblesse.

LINDOR.

Cruelle ! ...

Le tonnerre se fait encore entendre , mais moins vivement. Glicère retombe dans les bras de Lindor.

GLICERE.

Quels nouveaux éclats !
Cher Lindor , ne me quittez pas.

LINDOR.

Ah ! c'est là toute mon envie.

Si l'Amour enfin nous lie,
Que je vous adorerai !
Oui sans cesse je me croirai
Au jour où mon ame ravie
Aura reçu pour ma vie
Un retour si desiré.
Si l'Amour enfin nous lie ,
Que je vous adorerai !
Les soins où l'Hymen engage ,
Un regard , un mot flatteur ,

Tout , dans mon doux esclavage ,

Tout sera pour moi faveur.

GLICERE.

Promettre une aveugle constance ,

C'est un usage des Amans.

Mais pensent-ils à leurs sermens ,

Si l'on comble leur espérance ?

Notre esclave , prompt à changer ,

Bientôt se moque de nos peines ,

En nous resserrant dans les chaînes

Dont il a su se dégager.

LINDOR.

Ah ! vous connoissez trop mon ame ,

Vos attraits , l'ardeur qui m'enflamme ,

Pour douter jamais de ma foi.

GLICERE.

Hélas !…

LINDOR.

Incertitude affreuse !

GLICERE.

Lindor , qu'exigez-vous de moi ?

L I N D O R.

Le seul droit de vous rendre heureuse.

G L I C E R E.

C'en est fait : Lindor , aimons-nous;

Je rougis de ma défiance.

Voilà ma main ; elle est à vous.

L I N D O R.

Voyez tomber à vos genoux

L'Amour, & la Reconnoissance.

G L I C E R E.

Les Vents ont calmé leur fureur ;

Le bruit cesse , le ciel s'épure.

La félicité de mon cœur

S'étend sur toute la nature.

E N S E M B L E.

Les Vents ont calmé leur fureur ;

Le bruit cesse, le ciel s'épure.

La félicité de mon cœur

S'étend sur toute la nature.

L I N D O R.

Ah ! qu'il est doux de s'enflammer !

GLICERE.

Je ne connois plus les alarmes.

LINDOR.

Que l'Amour par vous a de charmes !

GLICERE.

Non, non, je ne veux plus qu'aimer.

ENSEMBLE.

Amour, non tu n'as que des charmes.

SCENE DERNIERE.

GLICERE, LINDOR, CLÉON, CHASSEURS,
CHASSERESSES, PAISANS, PAISANNES.

LINDOR.

Que l'orage est heureux pour moi !
Amis, sachez que je lui doi
L'aveu de mon bonheur suprême.
La charmante Glicère enfin
M'accorde son cœur & sa main ;
Honorons tous l'objet que j'aime.

CLÉON (à Glicère).

J'ai bien gardé votre secret ;
Lindor n'est pas aussi discret.

LE CHŒUR.

Tôt ou tard l'Amour engage,
Et fait vaincre les rigueurs.
Quand il laisse en paix nos cœurs,
Il nous plaît par son image.

Célébrons

Célébrons l'Amour dans nos chants.

Si la terre est embellie

Par les faveurs du Printemps,

L'Amour pour nous en tout temps

Répand des fleurs sur la vie.

(On danse).

CLÉON.

Jeunes Époux,

Aimez-vous.

Éloignez sans cesse

Le soupçon jaloux,

Et n'écoutez que la tendresse.

Qu'avec vous l'Hymen ait toujours

Le bandeau des Amours.

Songez souvent à vous plaire ;

Cachez quelquefois vos feux.

Le moment qu'on donne au Mystère,

Prépare celui d'être heureux.

(Danse de Paisans).

LINDOR.

Amour, tout doit te rendre hommage.

T

L'oiseau te chante dans les airs ;

La jeune Bergère à l'ombrage ;

L'Echo répète leurs concerts.

Au devant de tes pas, les Grâces

Viennent pour recevoir ta loi.

Le Plaisir vole sur tes traces ;

On ne le voit jamais sans toi.

DIVERTISSEMENT GÉNÉRAL.

DISCOURS

De Réception à l'Académie de Bordeaux.

MESSIEURS,

DEPUIS mon enfance, éloigné de cette Province par les soins donnés à mon éducation, & bientôt après par les devoirs de mon état, enchaîné dans la Capitale par ces mêmes devoirs, & par les nœuds doux & sacrés de l'Amitié, que le Temps se plaît à resserrer lorsqu'ils ont été formés par la jeunesse, j'ai souvent tourné mes regards vers ces lieux de ma naissance qui furent toujours présens, & toujours si chers à mon cœur.

Mais que j'étois loin de prétendre, Messieurs,

à l'honneur de me voir appelé par vous dans le temple des Muſes, à l'honneur de me voir placé près de vous dans ce temple où elles ont élevé un Autel à Montesquieu (1), où l'Amour, l'Admiration & le Reſpect encenſent tour à tour ſon image ! Nommer ce grand homme, c'eſt enflammer votre imagination & vos cœurs ; c'eſt multiplier ſon éloge, ſans avoir la témérité de l'entreprendre ; c'eſt honorer la Province qui lui donna le jour ; c'eſt diſputer la palme du génie au ſiècle immortel de Louis le Grand.

Après avoir parlé de Montesquieu, ſi je me permets de dire un mot de l'Académicien à qui les liens du ſang m'attachoient ſi particulièrement, ce ſera, Meſſieurs, pour avouer que je dois à ſa mémoire l'honneur que je reçois aujourd'hui, &

---

(1) Le buſte de Montesquieu, fait en marbre par Lemoine, & donné à l'Académie par M. le Prince de Beauveau, l'un de ſes Membres, eſt placé dans la ſalle où s'aſſemblent les Académiciens.

je trouve heureufement dans cette réflexion un double titre à ma reconnoiffance.

O vertu première des cœurs fenfibles, ô douce reconnoiffance ! heureux le cœur qui t'infpire ! plus heureux celui qui te reffent ! que ton empire eft charmant pour eux ! combien ils fe plaifent à s'y foumettre ! combien ils trouvent d'attraits dans les devoirs que tu leur impofes !

Rien ne manqueroit, Meffieurs, à la joie que j'éprouve, fi je pouvois me flatter d'avoir quelques droits à la faveur que vous m'accordez. Il eft doux fans doute d'obtenir au-delà de fes prétentions ; mais il eft bien plus doux encore de mériter fes fuccès, & d'avoir à citer des titres en s'applaudiffant d'un triomphe. Faut-il que l'Amour-propre même, fi fujet aux illufions, ne puiffe me le permettre.

C'eft malheureufement, Meffieurs, dans un âge peut-être déjà trop avancé pour me laiffer efpérer de grands progrès dans les Lettres que j'en ai fenti l'utilité, le charme, & les confolations.

J'ai hafardé quelques eſſais de poëſie. Bientôt j'ai
oſé prendre un vol plus élevé, & affronter les
dangers du théâtre ; quoique, d'après l'Ecrivain
le plus célèbre de nos jours, & je n'ai pas beſoin
de le nommer, je ſentiſſe à merveille *que ce n'eſt*
pas un petit talent que celui de rendre les hommes
heureux pendant deux heures. Parmi les divers gen-
res d'ouvrages de théâtre, j'ai choiſi celui pour
lequel je me ſuis trouvé, je ne dirai pas le plus
de talent, mais le plus de goût.

J'ai ſenti d'ailleurs que la Comédie exige une
grande étude de la nature, de la ſociété, des caractères différens, & des ridicules, plus ou moins
propres à être expoſés ſur la Scène, & qu'ayant
toujours vécu parmi les premières claſſes des Ci-
toyens qui offrent tous à peu près les mêmes ſur-
faces, il m'avoit été impoſſible de prendre des
connoiſſances auſſi néceſſaires. En effet il faut
peindre d'après le nud, ſi l'on veut ſaiſir, &
rendre la nature. Il faut peindre d'après le nud,
avant de prétendre à donner de la vérité, & de

la grâce à ſes draperies. Si Plaute , Térence &
Molière même n'euſſent point vécu parmi le
peuple , il eſt très-vraiſemblable que nous ſerions
privés de leurs chef-d'œuvres.

J'ai ſenti que la Tragédie exige une connoiſ-
ſance profonde de l'Hiſtoire , qui , en élevant
l'Auteur à la dignité de ſes Héros , lui donne les
moyens de marquer en quelque manière leurs
actions & leur langage du ſceau de leur ſiècle ,
& de leur prêter même une vérité d'opinion.

L'une & l'autre approfondit ce que l'Opéra
ne fait qu'effleurer , & cette conſidération ſeule
eût pu déterminer mon choix au moment où
j'ai voulu créer , ſans me donner , ſans avoir le
temps de m'inſtruire.

Le genre de l'Opéra paroît ſans doute frivole
à quelques perſonnes. Mais ne pourroit-on pas
leur demander , ſi l'amuſement n'eſt pas un des
premiers beſoins des hommes , ſi l'ennui n'eſt pas
plus dangereux que l'ignorance ? D'autres vont
juſqu'à dire que l'Opéra les ennuie , & il ſemble

d'abord qu'il est fort difficile de leur répondre. Gardons - nous au moins de lancer un ridicule anathême contre les détracteurs de ce Spectacle, & suivons ce que la raison & l'honnêteté nous prescrivent.

Le préjugé, appuyé sur le temps, & souvent animé par l'esprit de parti, ne cède sans doute que difficilement aux armes de la vérité. Faisons-la cependant parler, trop heureux si nous pouvons être témoins de sa victoire, qui ne donneroit que de nouveaux plaisirs aux vaincus.

Les Etrangers, les François qui passent peu de temps dans la Capitale, ses Habitans même, lorsqu'ils n'ont point l'habitude de l'Opéra, peuvent s'y ennuyer, je le conçois. Pourquoi cela? C'est que tout s'y chante, & que leurs oreilles y sont ainsi continuellement frappées d'un idiôme qui ne leur est point familier; c'est que l'orchestre même, qui fait cependant un des premiers charmes de l'Opéra, les empêche d'abord de se pénétrer des développemens d'une action qu'ils ne peuvent, en

quelque manière, fuivre que des yeux; c'eft qu'ils en
font encore fans ceffe diftraits par la Danfe, ainfi que
par la magnificence, & la variété du Spectacle.

Mais, avec un grand ufage de l'Opéra, j'ofe
penfer qu'il eft impoffible de n'en pas fentir, de
n'en pas aimer toutes les beautés ; avec cet ufage,
les yeux font moins diftraits par les acceffoires ;
les oreilles fe familiarifent avec les accompagne-
mens, & font à l'efprit & au cœur un rapport
heureux des Scènes faites pour les intéreffer. C'eft
alors que l'ame joint fes plaifirs à ceux de l'imagination, & des fens. C'eft alors qu'on eft ravi
d'un Spectacle vraiment enchanteur par le concours de tous les arts ; d'un Spectacle, où la Mufique
jointe à la Poëfie, fait paffer dans les cœurs les
mouvemens de toutes les paffions ; d'un Spectacle
le plus varié, le plus noble, le plus magnifique
qu'ait jamais offert aucune nation, & que l'imagination puiffe concevoir ; d'un Spectacle enfin
qu'on peut dire devoir fon origine à la France,
puifque la Gréce, & l'Italie ancienne & moderne

ne nous en ont donné que des idées très-imparfaites. C'est alors qu'on dit avec le grand homme dont j'ai parlé plus haut, & dont il est si agréable de citer les écrits :

Il faut se rendre à ce Palais magique,
Où les beaux Vers, la Danse, la Musique,
L'art de tromper les yeux par les couleurs,
L'art plus heureux de séduire les cœurs,
De cent plaisirs font un plaisir unique.

Eh comment encore pourroit-on regarder comme frivole l'assemblage de tous les arts agréables que la Poësie appelle & met en action, lorsque chacun de ces arts en particulier obtient tous les jours nos hommages ? Ne seroit-il pas même facile de prouver, Messieurs, que l'union de la Poësie & de la Musique est aussi naturelle, & peut être aussi utile qu'elle est agréable ? Ne trouveroit-on pas des preuves victorieuses de ce que j'avance dans l'ancienneté & l'usage de cette union qui date des temps les plus reculés ?

Les Grecs n'avoient point imaginé d'abord
qu'on pût écrire autrement qu'en vers, & ils se
hâtèrent de joindre le charme de la Musique à
celui de la Poësie. Elles seules renfermèrent d'a-
bord le Code de leurs loix, & furent employées
à expliquer leur morale, à honorer leurs Dieux,
à célébrer les progrès des autres arts, & à diriger le génie & les vertus pour leur propre gloire,
& pour celle de la Patrie. Tout ce qui pouvoit
contribuer à accroître, ou à maintenir cette
gloire si justement chérie, se chantoit, soit en
public, soit dans les festins, soit dans l'intérieur
des familles. Les vieillards occupoient, instrui-
soient ainsi les jeunes gens & les enfans; ceux-
ci s'enflammoient en les imitant, & se trouvoient
à l'école de la vertu, en se croyant seulement
à celle des jeux, & des plaisirs. Leur mémoire
frappée de ces chansons souvent répétées, pour
en consacrer mieux les objets, servoit à diriger
leur cœur en lui présentant sans cesse les exemples qu'il devoit suivre ou éviter. Aussi les Grecs

offrirent-ils bientôt à l'univers étonné les créateurs de tous les arts, une foule de grands hommes, des Législateurs immortels, des Héros Orateurs, ou Poëtes & Muficiens, & couronnés ainfi du double laurier de la gloire.

Mais je laiffe avec raifon un avantage que je me promettois témérairement de remporter, à d'autres qui plus inftruits, & plus éloquens, pourront facilement développer ce que je n'ai fait qu'appercevoir.

Lorfque j'ai commencé à travailler pour le Théâtre, je n'ignorois pas, Meffieurs, combien il eft difficile de faire de bons vers François, & fur-tout pour la Scène Lyrique, où les inverfions prefque entièrement profcrites, contraignent le Poëte à chercher une nouvelle force, une nouvelle harmonie dans le mélange heureux des différens mètres. Je n'ignorois pas que l'Opéra doit offrir tour à tour des fentimens & des images, doit unir dans fon ftyle la précifion à la clarté, la moleffe à l'énergie, la fimplicité à l'élégance, malgré le peu de moyens laissés au Poëte obligé si souvent de sacrifier l'expression forte à l'expression harmonieuse, à l'expression facile, obligé de se priver d'une grande partie d'une langue qui n'est déjà peut-être pas assez abondante pour rendre, & nuancer les idées.

Je sentois encore, Messieurs, que la Tragédie Lyrique n'exige pas moins de talent que la Tragédie simple, soit en comparant le nombre des Auteurs qui ont réussi dans l'une ou dans l'autre, soit en voyant des hommes de génie se montrer au-dessous d'eux-mêmes dans la première, après les succès les plus justes, les plus brillans, & les plus multipliés dans la seconde. En effet la marche des deux Drames est semblable ; il faut que la Fable en soit également noble, & nous conduise de même par degrés à la pitié & à la terreur. Les caractères doivent être également soutenus dans ces deux Drames, mais plus rapidement prononcés dans le Lyrique, qui, soit par le nombre des vers, soit par leur mesure, soit par les facrifices qu'il faut faire aux divertiffemens, offre à peine la quatrième partie d'une Tragédie fimple. Auffi cette dernière parle-t-elle plus à la raifon, & au cœur, tandis que la Tragédie Lyrique, avec l'avantage de préfenter fouvent en action ce que l'autre ne peut préfenter qu'en récit, eft plus particulièrement le fpectacle de l'imagination & des fens. Mais quelles difficultés n'offre-t-elle pas au Poëte dans la néceffité qui lui eft impofée de fubftituer des tableaux aux développemens, de préparer des effets, & des oppofitions à la Mufique, en variant rapidement la fituation de fes perfonnages, en donnant tour à tour aux paffions qu'il fait agir des momens d'agitation & de calme, en faifant fuccéder l'efpérance à la crainte, la peine au plaifir, le bonheur à l'excès de l'inquiétude? Ajoutons la néceffité plus épineufe encore de fufpendre naturellement l'action, fans néanmoins la laiffer oublier, pour offrir aux yeux dans chaque Acte les charmes de la Danfe, & ceux de la

Peinture

Peinture dans les changemens également preſcrits du lieu de la Scène.

Le Poëte Lyrique doit donc avoir des connoiſſances au moins ſuperficielles de tous les arts agréables dont il eſt à la fois l'eſclave & le moteur, doit avoir l'adreſſe & le courage de ſe ſacrifier lui-même pour faire valoir la Muſique, la Danſe, la Peinture, l'Architecture, & la Mécanique, & donner par-là plus de relief à l'enſemble de l'Ouvrage, tandis que le Poëte Tragique n'eſt occupé que de ſa gloire.

Que d'objets à concilier! que d'obſtacles à ſurmonter! quelle idée ne doit-on pas avoir du talent du Poëte Lyrique à ſon plus haut degré! Quelle idée ne doit-on pas avoir du tendre & ſublime Quinaut qui conçut le Théâtre de l'Opéra, le fonda, & le porta peut-être en même-temps au dernier point de perfection poſſible! Combien en effet eſt-il plus facile de lui faire quelques légers reproches, que de le ſurpaſſer, & même de l'égaler!

V

Vous voyez , Messieurs , que j'ai connu les difficultés du genre que j'embrassois ; aussi me trouverois-je trop heureux si j'en avois surmonté une partie. Emporté par mon goût , j'ai été rassuré par l'avantage de ne paroître aux yeux du Public, que paré des charmes de la Musique. C'est à elle que j'attribue le succès de la Fête de Flore, Pastorale , par laquelle j'ai débuté ; quoique en général le Musicien ne puisse peindre que d'après les dessins du Poëte. C'est avec les mêmes secours, & en bravant les dangers auxquels sont exposés les grands Ouvrages en Musique, trop souvent condamnés avant qu'on ait pu en sentir les beautés , comme l'ont été long-temps les Chef-d'œuvres de Rameau , aujourd'hui si justement admirés ; c'est , dis-je , avec les mêmes secours que j'ai osé exposer sur la Scène la Tragédie d'Adèle de Ponthieu , & substituer le merveilleux de la Chevalerie au merveilleux de la Fable.

J'ai été , je l'avoue , aussi étonné que flatté de

l'attention & de l'approbation du Public, quoique j'aie juſtement attribué le ſuccès de l'Ouvrage à la beauté du Spectacle, au mérite de la Muſique, au ſujet heureux que j'avois choiſi. Les critiques ſévères, mais juſtes, que j'ai eſſuyées ainſi que les Muſiciens, n'ont fait qu'ajouter à notre reconnoiſſance. Lorſqu'Adèle de Ponthieu reparoîtra ſur la Scène, on verra facilement notre juſte ſoumiſſion à ces critiques, & nous oſons nous flatter que le Public recueillera le fruit de ſon indulgence, & de ſes heureuſes leçons.

J'oſerai vous lire aujourd'hui, Meſſieurs, un nouvel Ouvrage dont le but a quelque droit de vous plaire, puiſqu'il tend à la réformation des mœurs. L'adoption dont vous m'honorez doit cependant armer votre ſévérité. Avant d'eſſuyer la critique du Public, j'ai heureuſement le temps de mettre à profit vos avis. Par mon empreſſement à m'y ſoumettre, Meſſieurs, je commencerai à vous donner des preuves de ma vive & reſpectueuſe reconnoiſſance ; en attendant le

moment, où, les circonstances me permettant
un plus long séjour dans cette ville, je pourrai
profiter plus efficacement de vos lumières & de
vos exemples.

TABLE

DES MATIERES contenues en ce Volume.

ÉPITRES.

PIÈCES ANACRÉONTIQUES.

CONTES.

FIN DE LA TABLE.